JN411309

조성춘 산문집

그때 라떼, 브라보 마이 라이프

그때 라떼, 브라보 마이 라이프

지은이 • 조성춘

펴낸이 • 강옥현

주간 • 양재일

발행처 • 도서출판 오감도

초판인쇄 • 2022년 12월 27일

초판발행 • 2022년 12월 29일

전화 070-7778-2591, 010-3206-2591

팩스 (031) 775-0161

출판 등록일 • 일제 10-1651(98. 10. 15)

서울시 중구 을지로3가 268 유일빌딩 604호

ISBN 978-89-5698-416-2 03810

값 12,000원

머리글

겨울을 앞둔 산은 건조하게 엎디어 있습니다. 도토리들은 이미 떨어져 맛있게 잘 익은 것들은 새와 청설모, 오소리 식량이 되었거나 사람들에 의해 거두어지고 덜 익거나 못생긴 것들은 이리저리 채이다가 흙이 묻고 그 위에 낙엽이 쌓여 어쩌면 내년 봄에 싹을 틔우겠지요.

언제부턴가 감기 증세처럼 목 언저리가 간질거리고 바튼기침이 시작되면 흑백 사진처럼 떠오르는 기억들을 그리기 시작했습니다. 스케치를 하고 물감을 개서 색칠하는 일은 젬병이라 하는 수 없이 아는 단어를 나열해서 글로 그려나갈 수밖에 없었지요.

쓸데없이 일찍 철이 든 탓인지 생각이 많았고 그런 생각들은 나는 물론 가족과 이웃, 사람과 자연, 시간과 공간을 연결하면서 입체화되고 점점 더 자라났습니다.

기억은 되새길 수 있지만 시간이 지남에 따라 생각나는 것은 줄고 희미해져서 나중엔 기억에 대한 불신과 오류에 대한 의심으로 끝내 단 한 글자도 기록하지 못하게 됩니다. 더 늦기 전에 온전한 기억들을 '책'이라는 외장하드에 저장해 놓아야겠다고 생각했습니다.

시골살이 단상과 유년기부터 초중고 학창시절, 그리고 군대생활까지의 기억들을 담고 마지막 부분엔 집 근처 애기봉 설화와 직접 경험한 '유도 황소 구하기' 사건을 버무린 소설 '애기전'을 묶었습니다.

시인이 시집이 아닌 잡글로 책을 낸다 하니 주변에서 걱정이 많았습니다. 그런데도 격려와 응원을 보내주신 분들 덕분에 졸고를 매듭지을 수 있었습니다.

무엇보다 어리숙한 저를 문학의 세계로 인도해 주신 최연식 시인님과 '시인정신' 양재일 주간님, 그리고 도서출판 오감도의 모든 관계자 분들께 감사드립니다. 또한, 초고를 감수해 주신 박원미씨께도 특별히 감사드리고 아침마다 시도 때도 없이 개인톡과 단체톡으로 보내드리는 글을 보시고도 나무라지 않고 좋게 보아주시는 톡 친구분들께 감사드립니다.

2002년 겨울 문턱에

옥개울 초당에서 조성춘 씀

1부

2부

철 따라 입맛 따라

3부

유년기의 사계절

4부

삶의 터전, 그 희미한 기억들

5부
성장기 저편에서

6부

병영 일기

7부

1

아침 카톡인사

– 시절에 안부를 묻다

(2021년 3월 16일)

밤새 봄비가 아주 사알짝 다녀갔다. 바람은 좀 있지만 그다지 쌀쌀하다는 느낌은 덜 하다. 이제 풀도 돋고 벌레들도 비집고 나오겠지. 생명이 넘쳐나겠지.

(2021년 3월 17일)

산수유가 이쁘게 피었다. 작년 늦가을 마당에 심은 세 그루 중 한 나무가 이제 막 피기 시작한다.

(2021년 3월 18일)

-겨울에게 안부를 묻다

마루는커녕 봉당께를 기웃거리던 볕이
자리끼를 비어 낸 노랑 주전자 주둥이를 달군다.
혹독한 칩거를 강요하던 바람은
겨우내 다 파먹은 빈 까치밥을 희롱하고
짧은 하루를 어슬렁거리던 만월이
몽우리 매단 목련에 입 맞추기 바쁜데
쟁기질을 앞둔 밭뙈기에
군내 나는 짠지와 함께 팽개쳐진 달력은
그간 안녕하신지요?

(2021년 3월 26일)

미세먼지도 많고 안개까지 많다. 우리 나이부터는 그저 엄살떨고 조심하면서 살아야 한다. 아내한테도 그렇고…

(2021년 3월 29일)

주말을 지나 어젯밤까지 봄비가 살랑거렸다. 덕분에 온갖 나무와 풀들이 일제히 기지개를 켜고 꽃과 잎을 피우느라 분주하다.

(2021년 3월 30일)

조금은 맵쌔하게 느껴질 정도로 기온이 내려갔다. 집 나서면서 보니 조금은 기운 달이 아직 서쪽 하늘을 어슬렁거린다.

(2021년 3월 31일)

일교차가 정말 크다. 지금은 조금 차갑게 느껴지는데 한낮에는 20도 가까이 오를 모양이다.

(2021년 4월 1일)

오늘부터는 날도 포근하고 미세먼지도 없다고 한다. 바깥일 하기도, 나들이하기도 참 좋은 날인데 코로나가 또 기승이라니 이마저 당분간은 욕심이다. 아쉽다.

(2021년 4월 2일)

마치 금방이라도 쏟아질 듯 잔뜩 흐린 아침이다. 주말마다 있는 비 소식을 반갑다 해야 할지 타박을 해야 할지 헷갈린다.

(2021년 4월 4일)

문수산에 다녀왔다. 진달래는 연분홍으로 져 가지만 온갖 풀과 나무들이 파릇하게 새싹과 순을 밀어 올리고 있다.

(2021년 4월 6일)

날씨도 좋고 미세먼지도 없는 봄의 한가운데 있는 아침이다. 어느새 벌레들이 기어 나와 더 이상 참새를 먹지 못하게 되었다.[1] 이제 철쭉도 올라오고 있다.

(2021년 4월 8일)

아침과 한낮 기온이 15도를 넘는 날씨가 계속되고 있다. 코로나는 4차 대유행을 예고하듯 확진자를 쏟아낸다. 봄인데도 제대로 봄을 마주하기 힘든 날에 맘이 아프다.

(2021년 4월 9일)

바람 때문에 좀 차갑게 느껴지지만 약간 더울 정도로 기온이 올라갈 한낮을 생각하면 오히려 싱그럽다.

(2021년 4월 12일)

오후부터는 또 비가 내릴 모양이다. 이 비가 그치면 본격적인

---

1) 참새가 벌레를 먹기 시작하면 더 이상 참새를 잡아먹지 않는다. 벌레를 먹지 않는 겨울철에만 참새를 먹는다.

농사철이 되겠지. 이것저것 준비하랴 바쁘겠지만 마지막일지도 모르는 봄비에 몸도 맘도 맡겨 본다.

(2021년 4월 13일)

새벽을 지나서까지 내리던 비가 그쳤다. 바람 탓인지 차갑게 시작하는 아침이다.

(2021년 4월 14일)

아침에 집을 나서보니 서리까지 내렸다. 갑작스레 떨어진 기온에 마당의 꽃들도 그렇고, 대충 마무리 짓고 떠나려던 봄이 놀랄 것 같다.

(2021년 4월 15일)

코로나19에서 사는 법

처음 본 그의 손을 차마 잡지 못했다.
감자를 멕이듯 주먹을 내밀어 마주대기만 했다.
손바닥에 굳은살이 잡혔는지
아귀가 센지 댓거리도 없이
손잔등에 파랗게 도드라진 핏줄이
고르게 뛰는 것만으로 빗장을 풀었다.

몇 번이나 본 그의 얼굴이 무척 낯설다.

눈썹이 짙고 눈매가 서글한 것까지는 알겠는데
콧마루가 높고 인중이 깊은지
입술이 두터운지
턱선은 날렵한지, 각진 건지도 모른 채
실루엣이 부러운 것만으로 문을 잠갔다.

그를
우리라고 부른 지 오래이면서도
용건 없이 안부를 물은 적이 없다.
일을 핑계로 말과 생각을 섞으면서도
나를 꺼내지 않았고
그를 확인하지 못했다.
잘 지내냐고
별일 없냐고 묻기 서먹해
숨죽인 채 바들바들 떨었다.

(2021년 4월 16일)

두어 뼘 남짓한 텃밭을 로타리 쳐서 밭 꼴을 만들어 볼까 했는데 방아깨비들이 온다고 하니 손님 맞을 준비하고 야단법석을 치러야 할 판이다.

(2021년 4월 20일)

진달래, 개나리가 지난 자리에 어느새 철쭉이 자리를 잡고 꽃망울을 터트리고 있다. 빨강과 연분홍 그리고 뽀얀 철쭉이 파릇한 잎새와 어울려 화려한 봄을 얘기한다.

(2021년 4월 21일)

어느새 또 한 주의 중간이다. 잠시 허리 펴고 등허리도 쥐어박고 이마에 땀도 훔칠 시간이다.

(2021년 4월 24일)

어제도 낮에는 좀 덥다고 느꼈는데 오늘은 아침 출발이 14도이다. 한낮에는 24도까지 올라간다고 한다. 구름이 끼어 흐리긴 했지만, 바깥 활동 하기에 만만치는 않을 것 같다. 농사도 그렇고 많은 것들을 준비하고 시작하는 계절이라 몸 사리기가 쉽지는 않겠지만…

(2021년 4월 23일)

비인지 뭔가 살짝 다녀간 듯하다. 덕분에 어제처럼 초여름 날씨는 아니라니 퍽 다행이다.

(2021년 4월 26일)

정말 봄 다운 날 아침이다. 꽃들은 더 어여삐 피고 나무와 풀들은 땅 기운을 빨아들여 쑥쑥 이파리를 키우고 소들은 멍에 걸어 논밭 갈 일 없이 몸이 근질근질한가 보다.

(2021년 4월 27일)

비 소식을 기다리는데 지렁이 오줌만큼 찔끔거리고 말 모양이다.

(2021년 4월 28일)

사람의 욕심은 끝이 없나 보다. 간밤에 제법 촉촉하게 비가 내렸는데도 집 주변과 마당의 나무들을 보면서 살짝 아쉽다는 생각이 든다.

(2021년 4월 29일)

사람들이 서로의 입장에 따라 작은 이익 부스러기를 놓고 다투느라 정작 큰 그림과 방향을 보지 못하는 것같이 맘이 안 좋다. 비 소식이 있다. 어제 비가 좀 부족한 듯했으니 한줄기 시원하게 그어주었으면 좋겠다.

(2021년 4월 30일)

주말을 앞두고 비가 촉촉이 내린다. 고추를 비롯하여 많은 것들을 본 밭에 옮겨 심어야겠다. 시골로 들어온 지 어느새 4년 차인데도 항상 욕심이 앞서 얼마 되지도 않은 소꿉장난 만도 못 한 농사를 망쳐 버리는 경우가 허다하다.

(2021년 5월 1일)

내일 비가 오고 나면 당분간은 전형적인 늦봄 날씨가 계속될 거라고 한다. 주말에 다녀간 방아깨비 녀석들로부터 충전된 원기로 파이팅 해야겠다.

(2021년 5월 4일)

어제 퇴근해서 고추, 토마토, 오이, 참외, 수박, 호박 등 모종을 텃밭에 옮겨 심었는데 비도 내리고 바람까지 강하게 불 거라는 예보에 맘이 편하지 않다.

(2021년 5월 7일)

지난 비바람에 호박 모종 두어 개가 꺾여 고꾸라졌다. 집사람이 많이 속상해했다. 더 이상 별 피해 없이 지나갔으면 좋겠다.

(2021년 5월 10일)

산과 들이 하루가 다르게 초록빛으로 물들고 있다. 우리 일상도 그렇게 희망과 행복으로 채워졌으면 좋겠다.

(2021년 5월 12일)

오늘은 24도, 내일은 27도까지 올라 초여름 날씨가 될 것 같다. 토요일부터 월요일까지 제법 많은 비를 뿌리기 전에 땅바닥을 한껏 달굴 모양인가 보다. 덕분에 무슨 옷을 챙겨 입어야 할지 아침마다 별 시답지 않은 고민을 잠깐씩 하게 된다.

(2021년 5월 13일)

장줄에 맞추어 못줄을 넘기기 바쁘게 허리 펼 시간도 없이 말캉거리는 논바닥에 모를 꽂던 시절이 엊그제인데 넉넉하게 물을 잡아 둔 논배미마다 트랙터, 이앙기가 붕붕거리며 벌판을 파랗게 칠하기 시작했다.

이제는 구멍 난 검정 스타킹 위로 달라붙을 거머리 걱정도 없고 좁다란 논틀 사이를 바수거리 지게에 얹은 모찜 나르느라 자빠질 일도 없는데 한해 농사를 시작하는 신명은 예전만 못한 것 같다.

(2021년 5월 14일)

저녁에는 본 밭에 옮겨 심은 후 비실거리는 오이며 참외 모종 몇 개를 바꿔 심고 대추나무 새순도 정리하고 집 주변 잡초도 좀 뽑아야겠다. 비가 오면 한동안 건드리기 힘들고 작물들도 무섭게 자란다. 아직 초보라 조바심과 과욕이 늘 문제다. 풀이든 짐승이든 뭔가를 가꾸고 키우는 일이 자식만큼이나 어려운 일이라는 걸 새삼 느낀다.

(2021년 5월 17일)

새벽쯤 비가 좀 긋나 싶더니 안개비가 부슬거리는 걸 보니 오늘도 온종일 찔끔거릴 모양이다. 모든 것이 과유불급이라고, 밭에서 건사해야 할 것들에 걱정이 앞서고 집 주변은 온통 파랗게 고개를 내미는 잡풀들이 아우성친다. 전부 일거리다. 어쨌든 해갈은 제대로 되었고 본격적인 모내기도 시작되겠지.

(2021년 5월 18일)

초파일을 앞둔 화요일이다. 대자대비하신 부처님께서 중생을 구하시기 위해 오셨다는데 코로나19나 전부 쓸어 갔으면 좋겠다.

지난 비에 마당께 장미가 다투어 핀다. 아침 구름이 지나면 해도 얼굴을 내밀고 환하게 비추겠지.

(2021년 5월 20일)

어제, 그제는 부처님께서 이 땅에 빛을 너무 많이 주셔서 여름인가 했는데 오늘 비가 지나면 예년 기온으로 돌아간다니 이 또한 다행인 듯싶다. 모내기를 마친 논에 포기가 벌면서 벌판이 하루가 다르게 시퍼렇게 변하고 있다.

(2021년 5월 24일)

양은 대접 밑바닥에 남은 막걸리를 찌끄리듯 비랄 것도 없는 것이 이른 새벽녘에 깔짝거리고 지나간다. 양에 상관없이 요즘 내리는 비는 모두 복이다. 그래서 고맙다.

(2021년 5월 25일)

비 덕분에 생각지도 않은 호사를 누린다. 우산을 쓰고 집 주변을 한 바퀴 돌고 와서 냉동실에서 쑥찰떡을 한 덩이 꺼내 전자렌지에 잠깐 돌려 커피 한잔과 함께 요기를 하고 집사람과 애들 얘기 등 이런저런 대화를 하면서 모처럼 느리게 아침을 열었다.

(2021년 5월 27일)

비가 오는 목요일 아침, 바람도 제법 분다. 생각도 일도 잠시 멈춤.

(2021년 5월 28일)

안마당이 없는 슬라브집을 지은 후로는 제비가 안 온다. 빨랫줄에 나란히 앉은 새끼 제비들, 논밭에서 벌레와 잠자리를 낚아채는 제비들… 이런 풍경을 언제 또 볼 수 있을까?

(2021년 5월 31일)

밤새 몰아친 뇌성과 비바람으로 5월이 허둥지둥 떠날 채비를 하고 6월이 의기양양하게 코앞에 서 있다.

(2021년 6월 1일)

어제는 퇴근 후에 영양제를 섞어 텃밭과 과일나무에 약을 좀 쳤는데 비도 부슬거리고 돌풍이 불었는지 지주목만 하고 달아매지 않았던 토마토 몇 그루가 널브러져 있다.

오이도 줄을 타다 말고 바닥을 기고 호박들은 아예 배를 하늘로 한 채 뒤집힌 것들이 많았다. 어제 사 온 집게로 부리나케 덕줄에 매달았다.

(2021년 6월 2일)

모들이 아직 어리바리하다. 어서 땅 냄새를 맡아야 거름통 들고 들어가 헛손질도 하고 시커멓게 올라올 텐데. 그래도 요새는 뜸모 한다고 모집기는 하지 않으니 어디 이것뿐인가. 가지거름 주고 나면 논바닥 몇 번 훔쳐주고 논두렁도 접고 도기창 내는 것까지… 그래도 밭일보다는 나을걸?

(2021년 6월 3일)

아침에 텃밭 참외, 호박, 수박 적심을 하고 곁순도 정리를 좀 했다. 따라 나온 집사람이 "뭘 알기는 하면서 그렇게 마구 자르냐"고 연신 핀잔을 주었지만, 요 며칠 유튜브로 독학한 알량한 배움을 내세우며 아내의 걱정을 일축하고는 꿋꿋하게 진도를 냈다.

작물이야 땅과 환경, 주인의 성향에 따라 각기 다르게 자란다는 걸 알기에 내심 걱정도 되지만 뭐 어떤가. 잘되면 잘되는 대로, 안되면 안되는 대로 배우고 내년에 더 잘하면 되겠지.

(2021년 6월 8일)

아침 무렵 텃밭에 들어가 거미손도 치고 곁순도 따주다 보니 어제보다 손가락 두 마디쯤은 더 컸다.

(2021년 6월 9일)

아침을 20도가 넘게 시작하더니 한낮에는 30도를 넘을 거라고 한다. 어느새 초여름으로 접어든 것 같다. 제대로 더워야 곡식은 잘 크겠지.

(2021년 6월 10일)

오늘 밤부터 내일 새벽까지 또 비 예보다. 장마철도 아니고, 그래서인지 아침 해도 잔뜩 성을 낸 듯한 구름에 가려 보이지 않는다.

(2021년 6월 11일)

비는 고마운데 바람 때문에 속이 상한다. 아침에 밭에 나갔더니 덕에 올려 준 오이, 참외, 애플수박은 그나마 괜찮은데 바닥에 길듯 크고 있는 수박과 호박 넝쿨들은 이리저리 자빠지고 뒤집혀 볼 만하다. 올해 새순을 키운 감나무, 오가피 가지도 몇 개 부러지고 옥수수도 여러 개가 바람을 맞아 비스듬히 기우뚱. 비가 긋고 바람이 잦아들어 땅에 물기가 좀 가신 후에 손을 봐야겠다.

다음 달부터 코로나 때문에 묶였던 여러 업소의 영업시간 제한이 완화 또는 완전히 풀릴 거라는 뉴스가 있어 정말 다행이다.

(2021년 6월 17일)

슬쩍 스치는 바람 속에서 어렴풋하게 비 냄새를 맡는 건 나만 그런가? 요 며칠 가마솥과 물뿌리개가 하늘에서 계속 반복된다.

(22021년 6월 18일)

눈 뜨자마자 소슬한 비를 맨어깨로 맞으며 들러본 텃밭은 한 뼘은 더 자란 새순들의 아우성으로 시끌벅적하다. 저녁에 퇴근해서 몇 마디 더 집어주어야겠다.

(2021년 6월 21일)

벌써 하지다. 해가 길어진 만큼 시간은 느려 보인다. 텃밭 오이며 참외, 수박들만 해도 그렇다. 싹을 틔우고 줄기를 벌려 꽃을 피우고 열매를 매달 때까지는 그리도 바지런하게 모양을 바꾸더니, 열매를 달아 키우면서부터는 자세하게 살펴보거나 잊고 있다가 문득 보기 전에는 이 녀석들이 도대체 무얼 하고 있는지 제대로 알아채기 힘들다. 이제는 머리가 굵어져 나가 사는 우리 애들도 그렇다.

(2021년 6월 23일)

아침에 일어나 휴대폰을 확인해보니 읽지 않은 메시지에 당숙께서 돌아가셨다는 짧은 부고 소식이 있다. 증조부 포기에서 나온 아홉 명의 사촌 중 이제 내 아버지하고 작은아버지, 그리고 큰집 막내 고모만 남으셨다. 어느새 손주들 뜀박질은 나를 앞서는데 어쩌면 세월도 저만큼 앞서 성큼성큼 가고 있는 것인지도 모른다는 생각이 문득 든다.

(2021년 6월 25일)

식물은 적당한 수분과 거름만 주면 잘 자라는데 사람은 참 손이 많이 간다. 그저 아침저녁으로 텃밭 작물을 둘러보면서 '그래, 네가 효자다'라는 생각을 한다.

(2021년 6월 30일)

늦은 장마가 예보된 시골, 이것저것 쑥쑥 자라고 우거진 만큼 모기며 벌레가 기승을 부린다. 본격적으로 잡초, 벌레와의 전쟁을 준비해야 할 것 같다.

(2021년 7월 1일)

2021년이 반환점을 돌아 하반기에 들었다. 코로나도 그렇고 어느 것 하나 녹록한 상황은 아니다.

(2021년 7월 2일)

철 늦은 장마가 예보되어서인지 오늘 아침은 물기를 가득 머금은 바람이 달려든다. 퇴근 후, 센 비바람에 대비해서 제법 덩치를 키운 애플수박도 제대로 매달아주고, 점점 손쓰기 힘들 만큼 무성해가는 호박 새순도 질러주고 밭고랑이며 집 주변 배수로도 손봐야겠다. 주말에는 창밖으로 주룩주룩 쏟아지는 장맛비를 보면 파삭하게 잘 익은 뜨거운 감자를 짭짤한 오이지 한 숟갈로 식히며 먹어야지.

(2021년 7월 5일)

장마로 인해 주말을 허둥지둥 보냈다. 물이 많아 질척해진 밭은 수박, 호박순이 이리저리 뒤엉키고, 애써 매달았던 애플수박 몇 그루는 왠지 모르게 뿌리부터 시들어 결국 뽑아내야 했다. 역시 농사는 만만히 볼 게 아니었다.

(2021년 7월 6일)

댑싸리 빗자루

마당께 두엄 퇴무지 옆

잡초인 듯 봉숭아 명아주와 키 재더니
장마에도 훌쩍 자라

건들바람이 불던 저녁
시퍼런 낫질에 베어져 시렁에 뉘어지고
외로 꼰 새끼줄로 매어져
넓지 않은 마당을 박박 쓸어낸다.

잔돌과 검부라기
내 부모와 형제의 기억까지 쓸어 낸 마당에서
방아깨비 같은 손주들은
고사리손을 늘려 뼘을 재면서
땅따먹기를 한다.

조상귀신 깃든 몽당빗자루로 쏘시개 하고
고춧대를 끄들여 아궁지에 군불을 넣는 날
뭉근한 아랫목에서 손주가 쌔근거리고
고춧대와 댑싸리 빗자루를 소지한 굴뚝으로
한 줄기 연기가 혼령처럼 빠져 오른다.

(2021년 7월 9일)

건장마인지 계속 올똥말똥 감질나는 하늘이다. 그런 탓에 후텁지근하고 불쾌지수만 높아진다. 게다가 코로나는 연일 확진자 수를 높이고 있어 불안감을 더한다. 오늘부터 낮에는 4명, 밤에는 2명으로 사적 모임을 제한한다고 하니 그야말로 세상이 잠시 멈추어질 것 같다.

(2021년 7월 10일)

비가 억수로 많이 쏟아진다. 감자나 쪄 먹으며 뒹굴뒹굴해야겠다.

(2021년 7월 13일)

버스 정류소에서의 기다림은 자투리 시간으로 나름의 쓰임과 의미가 있다.

(2021년 7월 14일)

어제는 한밤에도 기온이 25도 밑으로 떨어지지 않았다. 에어컨을 틀지 않고 선풍기로만 버티려니 여간 힘든 게 아니었다. 오늘 낮은 더 힘든 하루가 될 것 같다.

그래도 예전에 농사일을 도울 때에 비하면 배부른 투정이다. 지금쯤이면 시커멓게 올라오는 벼 포기 사이로 꽉 들어찬 생이가래를 훔쳐내고 중간중간 뿌리를 깊게 내린 올망대를 뽑느라 팔다리에 생채기가 그치지 않고 얼굴도 새카맣게 탔다. 할아버지께서는 김매는 커다란 호미로 포기 사이를 알뜰하게 일구셨지만, 억지 춘양이던 나는 대충 술렁술렁 지나가기 일쑤였다.

가끔은 개구리, 뱀에 놀라기도 했지만 커다란 참게, 붕어를 잡거나 벼포기를 꺾어 자리를 튼 뜸부기 집에서 파르스름하고 잔 점이 깔린 알이라도 찾는 날이면 수지맞은 기분에 하루종일 논바닥을 첨벙거렸다.

소는 더운 날에도 목에 멍에를 걸고, 잔등에 길마를 놓아 그 위에 거지게를 올린 채 시오리 장길에 짐을 날랐다. 헉헉거리면서도 뚜벅뚜벅 걸으며, 거나해지신 아버지를 오히려 집으로 인도했던 누렁소가 보고 싶은 아침이다.

(2021년 7월 26일)

폭염과 열대야가 교대로 맹공을 퍼붓는 날이 계속되고 있다. 아침 논두렁에는 어느새 이삭거름을 뿌리는 부지런한 농민이 앵앵이를 메고 부리나케 왔다갔다 한다.

(2021년 7월 27일)

작은 씨앗이 거름기 가득한 작은 포트에서 싹을 틔우고 농약사 좌판에서 이리저리 몸을 흔들며 아우성치던 것을 데려다가 텃밭에 옮겨 심었다.

막 봄이 가려는 찰나의 절기라 찬 밤공기와 심술궂은 바람에 시달리면서도, 여리게 내린 뿌리를 땅속 깊이 박아 물과 양분을 취하고 손바닥만 한 잎으로 햇빛을 먹더니 슬금슬금 덩굴을 올리며 거미손을 뻗기 시작한다.

아무것도 안 보이는 그믐밤에 여기저기 노오란 꽃을 피워내더니 어여쁜 색깔과 감미로운 향으로 벌 나비를 꾀어 수분을 하고 새끼손톱만 한 열매를 달기 시작하더니, 세찬 장대비와 작열하는 태양 아래서도 꿋꿋하게 몸집을 불리고 숙성시켜 어느새 단단한 씨앗을 잉태한다. 이 얼마나 치열하고 숭고한 본능인가.

(2021년 7월 30일)

오라는 비는 소식 없고 축축한 습기만이 가만히 서 있는 몸에서 수분을 뽑아낸다. 주말부터 시작해서 다음 주 내내 비가 오락가락할 거라는데, 가마솥 속 같은 대기를 식게 할지 아니면 끓어오른 수증기처럼 숨 막히게 할지 예측조차 안 된다. 납작 엎드려 죽은 척이나 해야겠다.

(2021년 8월 2일)

밤새 다녀간 비 덕분에 아침 공기는 나름 싱그럽지만, 습도가 너무 높아 조금만 움직여도 금방 후텁지근하다. 그래도 오랜만에 뿌려진 빗줄기에 마당의 나무들도 한결 기운을 차린 모습이다.

(2021년 8월 3일)

정말 오랜만에 열대야 없는 밤을 보냈다. 에어컨 냉기 없이 숙면을 취할 수 있으리란 기대로 집안의 창이란 창은 모두 열고 잠을 청했는데 과속하는 차들의 마찰음과 급브레이크 소리, 겁먹은 동네 개들의 떼창, 마당을 비추는 보안등과 울타리에 설치한 경관등 불빛들로 오히려 토막잠을 잤다.

(2021년 8월 4일)

“예보에서는 비가 많이 온다고 했는데 아무래도 그른 것 같아. 어서 물을 대야 할까 봐.” 아침나절 물꼬를 보러 나오신 동네 어르신이 하소연을 한다.

이른 벼는 어느새 이삭을 내밀고 다른 것들도 줄기 윗부분을 한껏 부풀린 것이 조만간 이삭을 내어놓을 것 같다. 폭염과 코로나에도 농촌 들녘은 풍성하고 넉넉하게 익어가고 달맞이꽃도 지천이다. ‘적~막한 밤 하~늘에 빛나~던 달~~이~~’ 고고에서 디스코로 막 넘어가던 시절에 야전에서 흘러나오는 노래에 맞춰 떼창을 하며 둠칫둠칫 춤사위를 만들던 학창 시절이 떠오른다.

(2021년 8월 5일)

어느새 열대야가 슬그머니 꼬리를 내린 모양이다.

(2021년 8월 6일)

선선할 정도는 아니지만, 아침에는 제법 더위가 가신 것 같다.

(2021년 8월 9일)

엊그제 입추가 지났다. 보름 정도가 지나면 모기 입이 삐뚤어진다는 처서이다. 한낮을 달구는 햇볕은 아직 수그러들 기세를 보이지 않지만 해가 넘어가고 나면 제법 서늘한 밤공기가 내려앉아 모처럼 만에 숙면을 돕는다.

토마토, 가지는 끝물이다. 대신 고추가 빠알갛게 익어가고 비바람을 견딘 대추도 꽃마다 열매를 하나씩 달고 몸집을 키우고 있다. 이번 주말에는 가지며 참외, 토마토는 넉걷이를 하고 김장 부칠 밭 꼴을 만들어야 할 것 같다. 작년처럼 추해, 병해, 바람 피해를 받지 않도록 석회 시비도 좀 하고 붕산과 퇴비도 충분하게 질러야겠다.

날은 생활하기 좋게 선선해지는데 코로나 확산세는 꺾이지 않아 걱정이다.

(2021년 8월 10일)

어느새 말복이다. 거미 부인은 이제는 노루 꼬리만도 못하게 남은 짧은 여름의 끝을 향해 밤새 가로등 불빛 아래를 배회하던 날파리와 모기, 하루살이, 쓰르라미를 맷방석만큼이나 커다란 아침상에 올리고 여유로운 식사를 한다.

동네 한복판에까지 들어찬 공장 아래 논배미에는 이삭이 팬 벼들이 가득 차고 있다. 밤에는 20도 가까이 내려가고 한낮에는 30도를 훌쩍 넘게 큰 일교차가 생기면서 밤송이도 감들도 제법 꼴을 갖추며 쑥쑥 커지고 있다.

초복과 중복을 대충 지냈으니 오늘 점심은 얼큰한 민어탕이라도 한 그릇 먹으며 가을맞이 기력 보충을 해야겠다.

(2021년 8월 21일)

하늘이 잔뜩 흐려 텃밭 순시는 패스다. 먼 서쪽에서 번개가 치고 뇌성도 들린다. 출근 준비를 마치고 마당에 나왔더니 집사람이 텃밭 주변으로 심어 두었던 돌미나리를 낫으로 베면서 모기 등쌀에 못 살겠다고 푸념을 해댔다. 매일 조금씩 잘라 즙으로 먹겠다는 포부로 습기도 없는 땅에 옮겨 심었는데 결국 사고는 내가 치고 정리는 집사람 몫이 되어버렸다.

(2021년 8월 12일)

아침저녁으로는 더위를 느끼지 못할 정도로 선선하다. 절기를 이기는 건 아무것도 없는 모양이다.

(2021년 8월 18일)

어제 제법 비가 내렸다. 곡식도 과일도, 마당에 심어 둔 꽃과 나무들도 점점 말라가 노심초사했는데 모처럼 푸르게 이파리를 활짝 펼친 것이 여간 보기 좋은 게 아니다.

김장을 부치려고 다소 이르게 참외와 토마토, 가지를 넉걷이하고 두엄퇴비를 내었었는데 엊저녁에 부랴부랴 삽으로 일구었더니 삽날을 받은 땅속 깊숙이까지 빗물이 촉촉하게 먹어 들었다.

대추는 왕방울만 하게 커가고 한동안 손길을 주지 않은 부추는 꽃대를 곧추세우고 뽀얗게 꽃을 피워올렸다.

(2021년 8월 20일)

새벽녘에 요란스레 비가 쏟아져 급하게 비설거지를 해야 했다. 두엄이 과한 듯해 덮어야 할지 어쩔지 고민된다.

(2021년 8월 21일)

어제 사 놓은 무, 배추 모종을 심고 있는데, 몇 포기 심지 않아 부슬부슬 내리던 빗방울이 굵어지더니 바람마저 일길래 부랴부랴 심기를 마치고 농약사에 가서 한랭사를 사다 씌웠다. 이렇게 하면 어지간한 비바람은 견디고 한낮 뙤약볕도 좀 가리고, 무엇보다 달팽이나 청벌레 같은 것들이 덤비지 못할 것이다. 아침 일을 마치고 집에 들어와 창밖으로 내다보니 제법 일을 한 티가 난다.

(2021년 8월 23일)

어느새 24절기 중 열네 번째인 처서이다. 처서가 지나면 모기 입이 비뚤어진다고 했으니 유난히 모기를 타는 집사람이 좀 편안해지겠다.

(2021년 8월 27일)

가을장마가 계속 질금거려 걱정이다. 그동안 잘 자란 벼농사도 그렇고 포도를 비롯한 과일 농사도 이 가을비가 달갑지 않기는 마찬가지겠지. 요즘 덤불에는 '사위질빵꽃'이 지천으로 피어서, 잎을 떨구기 시작한 찔레 덩굴을 타고 올라 뽀얗게 존재감을 과시한다. 사위질빵이라는 이름이 생소하고도 정겹다.

(2021년 8월 29일)

이번 주는 8월 끝물이고 여름도 끝물이다. 과일도 달고 싱싱했던 제철이 지나 끝물에 들어서면 밍밍하고 시금털털해지기 마련인데 이번 여름도 비가 질척거리는 것이 제대로 끝물 티를 내고 있다. 하지만 복숭아, 참외, 수박, 토마토 같은 여름 과일들이 끝물이라면 조만간 포도와 감, 대추, 밤, 사과, 배 같은 가을 과일이 더욱 풍성하게 입맛을 유혹하겠지. 내 공직도 끝물에 접어들었는데 어떤 새로운 시간을 경작해야 할까?

(2021년 8월 31일)

8월의 情恨歌

검은 아스팔트와 아카시아 이파리를 뜨겁게 키스하던 8월이여 굿바이!

도심 한낮을 채우던 매미 소리는
허리 굵은 플라타너스나무 아래 시체로 뒹굴고,
야트막한 개울에서 멱 감던 아이들도
저마다 옷가지를 챙겨 떠났다.
끝물 옥수수는 선 채로 익어가고
이삭 팬 논배미 곧게 쳐진 물도기마다
거품을 게워내며 기어오를 참게를 꿈꾸는데
살육과 죽음이 분분했던 8월의 전장 위로
떡시루처럼 켜켜이 쌓인 시간의 시체를 비집고
새하얀 9월이 소리소문없이 찾아든다.

(2021년 9월 7일)

오늘은 이슬이 맺히기 시작한다는 백로인데 어제 초저녁부터 시작된 비가 계속되고 있다. 그나마 얌전하게 가만가만 내려주는 게 고맙다.

(2021년 9월 8일)

하늘이 온통 먹구름이다. 반기는 이 없는 가을비는 이제 그만! 매일 지나며 쳐다보는 밤송이와 감이 부쩍 커진 것처럼 느껴진다.

(2021년 9월 9일)

어제 오후부터 모처럼 하늘이 높고 맑은데도 밤하늘에서 별을 찾기가 쉽지 않았다. 별이 없어진 건지 눈이 나빠진 건지. 별자리 찾기는 포기하고 이제 막 스멀스멀 피어오르기 시작한 새벽안개 틈으로 사각사각 여린 배춧잎을 포식하는 청벌레만 몇 마리 잡고 들어왔다.

(2021년 9월 10일)

벌레가 무서워서 한랭사를 씌운 무 이랑에 이파리가 꽉 들어찼다. 이제는 웬만하니 벗기자는 내 주장과 굳이 벌레들 포식시킬 일이 뭐냐는 집사람 주장이 며칠째 평행선이다. 생각해 보니 좀 답답해 보이지만 생육에 지장이 없는 것도 같고. 아무래도 저녁엔 결판을 내야겠다.

(2021년 9월 13일)

새벽녘 문득 스치는 서늘한 기운에 창문을 닫았다. 열대야라고 법석을 떨면서 창문을 모두 여는 것도 모자라 선풍기까지 고속으로 틀어 놓고도 잠을 제대로 못 자다가, 그나마 짧은 단잠이나마 잘 수 있는 새벽을 편애한 지가 얼마나 되었다고.

(2021년 9월 17일)

작년 1월 20일 이후 600일 넘게 코로나 상황이 계속되고 있다. 누적 확진자는 28만 명에 이르고 2,386명의 생명이 목숨을 잃었다.

(2021년 9월 21일)

다른 것들은 익어서 입을 쩍쩍 벌리고 알밤을 토해내는데, 유독 텃밭 둑에 심은 녀석은 아직 아람 벌 기미조차 없다.

(2021년 9월 23일)

추분이라 그런지 그새 밤이 한 발은 더 길어졌다. 같은 시간에 눈을 떠도 바깥은 여명조차 없다. 어둠이 물러나고 겨우 주변을 분별할 만한 어슴푸레한 길을 습관에 의지하며 걸었다. 정작 한가위에는 숨었던 달이 어제는 환히 보여서 늦었지만 뭐라도 빌어야 했다.

(2021년 9월 29일)

어제 저녁부터 가을비가 왔다. 봄비는 겨우내 건조했던 대지를 적시면서 생명을 잉태하기에 촉촉하게 내리는 비 정도는 맞아도 기분이 좋아진다. 여름에는 갑작스레 후다닥 내리쏟는 소나기를 맞아야 제맛이다. 하지만 이런 비는 혼자서 청승을 떨어가며 맞아야 제격이다.

(2021년 10월 8일)

어느새 추분과 상강 사이에 있으면서 찬 이슬이 맺히기 시작한다는 한로이다. 한로가 되면 가을이 깊어지고 일할 수 있는 낮도 급격히 짧아져 가을 추수를 서둘러 마무리해야 할 시기이다. 며칠 새 비가 내려 논바닥은 물론 들깨 포기에까지 물이 흥건해서 걱정이다.

(2021년 10월 19일)

어젯밤에 비가 추적거리고 오늘은 좀 풀린 것 같은데 잦은 비로 추수가 늦어지는 게 걱정이다. 빨리 해가 나와서 청명한 하늘 아래 콤바인이 비쁘게 논바닥을 오갔으면 좋겠다.

(2021년 10월 25일)

산에 있는 나무와 풀들은 앞다투어 형형색색 단풍으로 옷을 갈아입느라 분주하고, 농부들이 바쁘게 콤바인을 몰고 간 들녘에는 기러기들이 떨어진 낟알들을 먹고 있다.

(2021년 10월 28일)

날이 추워지니 벌레들이 집안으로 기어든다. 거실에서 방 안으로 들어오던 돈벌레가 급하게 방향을 바꿔 도망친다. 잡아서 내다 버려야겠다.

(2021년 10월 31일)

이틀간 마당 정리, 차고 옮기는 작은 공사, 김장독 묻기, 울타리 위로 길게 올라온 장미와 대추나무, 감나무 전지, 비죽이 나온 옥향 순 정리, 몇 개 안 되지만 알타리무 뽑아 김치담그기 등을 하느라 피곤했는지 초저녁에 잠깐 졸았다.

(2021년 11월 1일)

11월 첫날을 짙은 안개로 시작했다. 수도꼭지를 바꿔 달라는 집사람 성화에 평소보다 30분쯤 늦게 아침을 시작했다.

(2021년 11월 2일)

해돋이 07:01, 해넘이 17:36. 어느새 낮의 길이가 겨우 10시간 남짓으로 짧아졌다. 늦게까지 내린 가을비에 추수가 늦어져 애를 먹이더니 그새 벌판이 텅 비고 일찍 추수를 마친 논배미에는 파릇한 것들이 제법 올라왔다.

(2021년 11월 7일)

입동치고 날이 정말 포근하다. 올겨울 내내 이럴까?

(2021년 11월 12일)

엊저녁부터 심상치 않더니 기어코 오늘 아침 기온이 0도를 찍었다. 그 때문인지 새벽 동쪽 하늘 언저리로 북두칠성이 누워있고,

서쪽 하늘로는 오리온이 선명하게 모습을 드러내면서 제법 많은 별이 박혀 있다.

(2021년 11월 15일)

어제는 차고와 닭장을 마련하는 공사를 마무리했다. 서툰 솜씨와 중고 자재로 얼추 모양만 갖추었다. 이번 주말에 닭을 넣으면 겨우내 달걀 걱정은 안 해도 될 것 같다.

(2021년 11월 17일)

차가움이 게으름을 몰아내는 아침이다.

(2021년 11월 22일)

살얼음이 잡히기 시작하고 땅도 얼기 시작해서 비로소 제대로 겨울이 시작된다는 소한이다. 김장도 소한이 지나야 배추 맛도 달고 맛있는 김장이 된다고 한다.

(2021년 11월 23일)

오늘 아침은 춥다. 바늘구멍으로 황소바람이 들어온다고 집에서 마송까지 걷는 동안 바지 아랫단과 목 주변, 소매 곳곳으로 찬 바람이 스며든다.

(2021년 11월 24일)

어제 친구가 고사를 지냈다면서 떡을 넉넉히 보내왔다. 간도 적당하고 아주 맛있게 되어 저녁 한 끼 든든하게 배를 채웠다.

(2021년 11월 25일)

이달 초 건강 검진을 받고 결과를 확인하러 병원에 갔다. 마치 시험 후 성적표를 받기 전처럼 콩닥거리는 가슴을 안고 진료실에 들어갔다. 걱정과는 달리 별 이상은 없었다.

홀가분한 맘으로 집에 와서 집사람에게 보고를 했더니, 역시나 안 좋은 것들만 콕 집어서 염려인지 잔소리인지를 늘어놓았다.

(2021년 11월 29일)

아침 일찌감치 마니산에 다녀와서는 마당과 텃밭에 있는 소나무와 장미, 벚나무 등 조경수와 감, 밤, 대추, 사과, 매실 등 과수에 퇴비 거름을 내었다. 오후에는 잔디를 깔면서 한쪽에 쌓아 두었던 보도블록으로 진입로 사면을 정리하느라 힘도 썼다.

어제는 딸네 식구들이 다녀갔다. 딸과 사위 그리고 손주, 손녀가 와서 쉬고 먹고 놀다가 갔다. '손주들이 오면 반갑고 가면 더 반갑다'는 우스갯소리가 실감 날 정도로 요란하게 다녀갔다. 손주들도 그렇지만 딸애가 연신 젓가락질을 하면서 잘 먹고, 닭 국물에 밥까지 말아 한 그릇 뚝딱 해치우는 걸 보니 마음이 좋았다. 손주들은 인화초처럼 내 눈을 즐겁게 하지만 딸은 맘을 즐겁게 하나 보다.

(2021년 12월 1일)

어제 내린 비가 다 말라버린 길바닥은 건조하게 얼어있고, 매서운 칼바람이 인적 드문 읍내 거리를 이리저리 휘몰아치고 있다.

키가 큰 가로수들도 벌벌 떨고 전깃줄은 징징 울고 있어 잔뜩 움츠리고 걷다 보니 전방을 주시하는 시야가 자꾸 좁아진다. 바람도 막고 보온도 잘되는 옷으로 챙겨 입고 집을 나섰는데도 한기가 새어든다.

(2021년 12월 6일)

올해 마지막 달이 야금야금 작아지고 있다.

(2021년 12월 10일)

매주 목요일이면 습관처럼 들르는 곳이 있다. 복권 판매점이다. 처음에는 복권을 사고 결과가 있기까지 "혹시 내가 1등?" 이런 일말의 기대가 컸다. 그런데 복권을 사는데도 금손과 똥손이 따로 있는 걸까? 거의 매주 사는데도 다섯 손가락이 남을 정도로 네 개를 맞춘 게 전부이고 거의 매번 꽝이니 말이다.

이제는 그냥 무덤덤하게 습관이 되어 버린 것 같다. 그래도 복권을 사서 지갑에 넣고 있는 동안은 왠지 든든하고 뿌듯한 걸 보면, 비록 당첨은 되지 않더라도 일주일간의 행복을 위해 쓴 비용치고는 가성비가 꽤 괜찮은 지출이다.

(2021년 12월 13일)

아침은 많이 춥다. 오미크론의 n차 감염이 일파만파로 번지면서 코로나19에 대한 고심과 근심도 깊어지고 있다. 어느 것 하나 녹록치 않은 상황이다.

(2021년 12월 14일)

나이 60이 되도록 자신이 잘하는 것이 뭔지 좋아하는 일, 즐기는 일이 뭔지 구체적으로 모르겠다. 이제 그걸 알아내는 일부터 시작해 보려고 한다.

(2021년 12월 16일)

신축년을 앞두고 소의 덕목을 칭송했던 때가 엊그제 같은데 이제 소는 그렇게 뚜벅뚜벅 제 갈 길로 넘어가고 임인년 흑호 해가 온다고 난리다.

(2021년 12월 18일)

이제 막 알을 낳기 시작한 어린 토종닭과 백봉 오골계가 알을 두 개나 낳아 주었다. 재수가 참 좋은 날이다.

(2021년 12월 21일)

닭장에 닭을 넣으면서 수탉과 암탉 비율을 생각하지 않고 나중에 잡아먹을 생각에 수탉을 조금 많이 넣었다. 수탉끼리 서열 다툼으로 암탉들이 스트레스를 받아 알을 제대로 못 낳으면 어쩌나 걱정을 했었는데 그런 연유에선지 처음 며칠 동안 하루에 한두 개씩 꼬박꼬박 알을 낳던 암탉들이 포악한 수탉을 잡고 나서부터는 아예 알 낳기를 멈추었다. 집사람하고 오랜 분석과 토론 끝에 나이 먹은 수탉을 스카우트하기로 했다. 잔뜩 기대를 하고 합사를 했는데 기존 닭과 한 시간을 목덜미 털을 한껏 올리고 맞장뜨더니 그만 맥없이 꽁무니를 뺐다. 설상가상으로 넘버 2와 넘버 3는 물론 암탉 중에서 가장 사나운 검정 오골계한테조차 쫓겨 먹이도 멀찌감치서 눈치를 보면서 겨우 먹는 것이 안쓰럽기도 하고 한심하기도 했다.

그런데 반전이 일어났다. 지난 토요일에 먹이를 주러 닭장에 들어갔더니 보스 닭 벼슬에서 피가 나고 깃털이 온통 피투성이였다. 노련하고 경험 많고 나이 많은 녀석이 결국 자신의 위치를 제 힘으로 찾은 것이다. 주말 동안 새로운 서열 정하기를 위한 수탉끼리의 투닥거림으로 닭장이 한동안 소란스러웠다.

새로운 '짱'이 등극한 토요일부터 우연인지 아닌지 알이 꼬박꼬박 2개씩 나오기 시작했다.

(2021년 12월 25일)

하루 해넘이는 노을로 붉게 물들어 또 다른 감흥을 주는데 그런 해넘이가 365번 반복되다 보니 감흥은 사라지고 헛헛하고 진한 아쉬움만 남긴다. 더욱이 2년이 다 되도록 우리의 일상을 잠식하면서 바짓가랑이를 붙들고 있는 코로나로 인해 그나마 모자라면 모자란 대로 해 오던 만남과 공감, 정 나눔조차 꺼려야 하는 상황이 안타깝다.

(2021년 12월 28일)

연말이면 으레 새해 목표를 세운다. 나의 결심은 잠자기 전 108배이다.

(2021년 12월 29일)

수, 목, 금. 세 토막 남은 생선을 어찌 먹어야 밥상 마무리를 깔끔하게 할 수 있을까?

(2021년 12월 30일)

많은 생각 후에 큰 결심을 강요하는 요 며칠이 밉다.

(2021년 12월 31일)

초등학교 방학 때마다 만들었던 '생활계획표'를 그리는 기분으로 새해 들어 몇 가지 꼭 이루고 싶은 일들과 해야 할 일들을 나열해 보았다. 열 손가락에서 조금 모자란 정도인데 스스로 정신 차리고 열심히 하면 될 일도 있고, 혼자 아무리 애써도 다른 사람들의 도움이나 여건이 뒷받침되어야 실현될 일도 있다.

아마도 올 중반쯤이면 그중 몇 개에는 빨간 줄이 그어질 수도 있고 연말이 되면 스스로 뿌듯해하거나 자책을 하겠지.

(2022년 1월 9일)

날이 좀 누그러지나 싶더니 초미세 먼지가 마음을 답답하게 한다. 집사람과 오랜만에 마니산에 갔다. 초입부터 발걸음이 가볍고 가파른 계단도 가뿐하게 올랐다. 참성단 아래 넓적한 바위에 다다라서야 땀을 닦고 호흡을 가다듬었다. 배낭에서 호두과자와 사탕을 주섬주섬 꺼내 먹었다. '마리산'과 '마니산', '첨성단'과 '참성단' 맞게 쓰는 게 힘들다.

(2022년 1월 10일)

토요일 아침에 집사람과 마니산을 다녀와서는 모이를 주고 알을 꺼내러 닭장에 몇 번 들락거린 걸 빼고는 주말 내내 집안에만 있었다. 오미크론인가 뭔가 하는 변이도 무섭고, 연신 핸드폰을 부들부들 울리면서 경고하는 초미세 먼지는 더 무서워서 문을 꽁꽁 걸어 잠그고 이불을 뒤집어쓴 채 눈동냥, 귀동냥에 모든 신경을 모으고 있었다.

(2022년 1월 12일)

많이 춥다. 수은주는 영하 11도를 가리키고 체감 온도는 무려 영하 20도 가까이 내려갔다.

(2022년 1월 17일)

마니산도 문수산도 참 좋다. 뾰족하거나 너무 넓어 길을 헤매기 쉬운 다른 명산들에 비해 높이도 품도 소박하고 만만해서 더 좋다. 날이 좀 춥더라도, 산에 오르는 동안 땀이 흐르고 숨이 가쁘더라도, 찬 바람에 맞선 채 믹스 커피 한 모금이 목울대를 타고 흐르는 온기와 입안에 퍼지는 달달함의 유혹을 뿌리칠 수 없어 또 오르게 된다.

(2022년 1월 18일)

어제부터 몸이 안 좋더니 오후부터는 미열도 있고 속도 안 좋고 얼굴이 화끈거리는 게 전형적인 몸살 같았다. 아내는 벌써 걱정을 한

가득 풀어 놓았다. 그냥 몸살 같다며 종합감기약을 먹고 일찍 잠자리에 들었더니 아침엔 열도 없고 다른 이상 증세도 없었다. 코로나 때문에 요새는 자라 보고 놀란 가슴 솥뚜껑 보고 놀랄 일이 많다.

(2022년 1월 20일)

생일이라고 집사람이 이것저것 아침상을 준비했다. 갓 지은 쌀밥에 소고기뭇국, 갈치도 몇 토막 구웠다. 잡채도 조물조물 무치고 내가 좋아하는 사과, 단감, 땅콩을 많이 넣어 사라다도 버무렸다. 돌아가신 어머니 생신이 열흘 먼저인 섣달 초이레이다. 사실 생일상은 어머니께 올려야 맞는 건데 이제는 어머니가 안 계신다.

(2022년 1월 26일)

설이 다가오면서 마음만 더 바빠지는 것 같다. 코로나도 오미크론 변이 탓인지 확진자 발생이 걷잡을 수 없게 폭증하고 있어 걱정을 더한다.

(2022년 1월 28일)

어제저녁 퇴근을 해서 군고구마와 감주로 간단하게 요기를 하고 있는데 빨래 개기를 마친 아내가 말을 꺼냈다. 이번 명절에 쓸 닭을 정해야 한다는 얘기였다. 아내와의 격론 끝에 아무래도 나이를 더 먹어 맛도 더 좋을 것 같은 넘버 1, 2 토종닭을 잡아 이번 명절에 쓰기로 했다.

1년 넘게 묵었으니 오랜 시간 푹 고아야 한다. 부드러우면서 쫄깃하게 잘 삶아지면 꺼내서 국물은 떡국 육수로 쓰고 살은 잘게 찢어 양념에 무쳤다가 고명으로 올린다. 생각만 해도 군침이 돈다. 그런데 졸지에 찾아온 닭장의 권력 공백이 어떤 결과를 가져올지는 도무지 예측이 안 된다.

(2022년 1월 31일)

닭은 넘버 2 한 마리만 잡았다. 닭장 안에서 수탉들의 특별한 신분 변화는 없어 보인다.

(2022년 2월 3일)

연휴 마지막 날, 집 주변과 동네를 한 바퀴 돌았다. 설 명절을 지낸 동네는 손님들이 모두 떠나서인지 조용하고 적막하다. 시루리 목장 흰둥이도 웬일인지 짖지 않고, 눈이 녹아내리는 처마 끝마다 탐스럽게 줄지어 매달린 고드름만이 한낮 햇살에 눈물을 뚝뚝 흘리고 있다.

(2022년 2월 5일)

봄이면 집집마다 기둥이며 대문에 붙여 놓았던, '立春大吉 建陽多慶'. 봄 여름 가을 겨울, 사람마다 좋아하는 계절도 사뭇 다른데도 많은 사람들이 24절기 중 제일 먼저 오는 입춘을 기다리고 찬양하는 것은 아마도 입춘이 출발, 희망이라는 의미를 담고 있어서가 아닐까.

(2022년 2월 6일)

문수산에서 내려다본 조강 기슭엔 채 녹지 않은 눈인지 성엣장인지 하얗게 떠밀려 켜켜이 쌓여 있고 좁은 강 너머 이북에도 언 땅 위에 잔설이 남아있다.

(2022년 2월 15일)

정월 대보름이다. 푸근해던 날씨가 다시 추워졌지만, 날이 맑아 둥근 보름달을 볼 수 있을 것 같다. 누구보다 먼저 달을 보고 소원을 빌면 이루어진다는데…

(2022년 2월 17일)

며칠 전만 해도 낮엔 영상 10도 가까이 올라가 어느새 봄인가 생각했었는데, 체감 온도가 영하 20도 가까이 내려갔다. 추위가 무서워 좀 늦게 집을 나섰다.

(2022년 2월 25일)

겨울 흔적이 쌓여 막힌 곳은 없는지, 해빙기에 헐어 떨어져 내릴 곳은 없는지 집 주변을 돌며 훑어봐야겠다.

(2022년 2월 28일)

이느새 2월 끄트머리다. 3월에 대한 기대가 큰가 보다.

주말에 아내와 함께 다녀온 마니산엔 밤에 내린 눈비의 흔적이 남았지만 언 땅에 깊게 내린 뿌리마다 생명수를 빨아올리는 소리가 가득해 보였다. 문수산도 조강, 그리고 조강 너머 북한 땅까지 어느새 겨울을 찾아보기 어려웠고 무엇보다 바람과 공기, 냄새가 이미 봄기운을 전하고 있었다.

(2022년 3월 2일)

삼짇날은 어김없이 오는데 언제부턴가 안마당도, 제대로 된 처마도 없는 집에는 제비가 날아들지 않는다. 제비집이 없으니 새끼들의 똥을 받아내기 위해 제비집 아래 받쳐줄 각쪼가리를 준비할 일도 없다. 부지런한 농부가 일찍 갈아엎은 논배미에 봄물이 들어차면 열심히 흙을 물어날라 제비집을 지어야 하는데 강남이 그새 더 멀어졌나 보다.

3월의 시작을 하루 앞두고 두 달 만에 헌혈을 했다. 한동안 김포가 말라리아 지역이라고, 고혈압이 있다고 헌혈을 거부당했는데 지역도 내 몸도 많이 좋아진 것 같아 혼자 웃어본다.

(2022년 3월 5일)

경칩이다. 우리가 알고 있는 24절기가 춘분점을 기점으로 15도씩 나누어 24개의 점을 정하고 태양이 그 점을 지나는 시기가 절기가 되기 때문에 정확하게는 오늘 11시 44분이다. 아내가 3차 백신을 맞고 많이 힘들어한다. 점심에는 맛있는 설렁탕이라도 사다 따끈하게 데워 줘야겠다.

(2022년 3월 7일)

봄이 오는 자연의 이치대로 개구리가 깨어나야 할 텐데 산불의 뜨거운 열기와 매연, 그리고 우당탕거리는 돌풍에 놀라 깨서 도망갈 판이다. 강원도를 비롯한 경북 등 전국에서 동시다발적으로 대형 산불이 발생해 엄청난 피해가 발생하고 있다. 걱정이다.

환절기

이게 감기인지 뭔지 확실치 않다.
아마도 겨울도 아닌 것이
그렇다고 봄이라고 하기도 뭣한 탓일 게다.

작년인가 재작년 그러께던가
어질한 두통과 함께 스멀스멀 올라왔던
기시감에 대한 확신도 없다.
헷갈리는 증세가 병을 키우고
춘당매 꼬드김에 따라 나섰다가
눈 한가운데서 눈조차 뜨지 못해
발치께 꽃눈을 분질러 버렸다.

가버린 시간에 대한 미련과
다가올 시간에의 기내가 혼재된 방안에서
쓰고 버린 휴지는 틈새 바람에 나비처럼 날고

우표 없는 편지가 우체부를 기다리는 동안
천지인 자판을 두드리는 독수리 발톱이
허둥지둥 보내기 버튼를 눌렀다.

(2022년 3월 8일)

내일이 21대 대통령 선거 날이다. 누가 당선되든 통합과 나라의 미래를 보면서 정치를 했으면 좋겠다. 팬덤으로 갈리고 '빠'로 나뉘는 분열과 갈등의 정치는 이제 신물이 난다. 품격있는 국민이 품격있는 정치가와 대통령을 만들고 품격있는 나라가 된다는 걸 왜 모를까? 확 내가 나서볼까?

(2022년 3월 10일)

윤석열 후보가 21대 대통령에 당선되었다. 표 차가 그리 크지 않아 뒷말이 많을 것 같다. 새로 탄생한 정부도, 물러나는 정권도 모두 국민과 국가의 미래만 생각했으면 좋겠다. 결혼을 앞둔 아들과 며느리 될 아이가 와서 간장게장을 먹었다. 며느리 될 아이의 입맛에도 썩 잘 맞는지 내숭 떨지 않고 밑반찬까지 이것저것 맛있게 먹는 모습이 여간 이뻐 보이지 않았다. 덩달아 기분이 좋아진 아내는 애들을 데리고 김현아[2]에 가서 그릇과 소품 등 신접살림에 필요한 것들을 이것저것 챙겨줬다. 애들을 보내고 집에 돌아와 감자를 심었다. 이건 손주 녀석들 몫이 될 거다.

2) 김포 현대아울렛을 줄여 부르는 말

(2022년 3월 11일)

아침 기온이 영상으로 올라서고 낮에도 15도를 넘어 20도 가까이 오른다. 갑작스레 봄이 들이닥치는 모양새다. 초보 농사꾼이 허둥거려도 아직은 해가 짧다. 주말에 몰아치기로 하려 했더니만 비가 올 모양이니 이마저도 맘먹은 대로 되지 않나 보다. 올해도 식구들한테 똑같은 핀잔을 들을까 걱정이다. 그래도 주말에는 봄나물 찾아 개울둑과 길섶을 두리번거려야 할까 보다.

(2022년 3월 14일)

결국 주말 동안 비가 왔다. 집 주변에 냉이며 꽃다지가 파랗게 올라왔다.

봄 꽃나무들도 몽우리 터뜨릴 채비를 한다. 딸애가 다시 직장을 나가기 시작해서 아내가 일주일에 세 차례 손주들을 돌보러 다녀야 한다. 삼대가 모여 살면 번거로움은 없을 텐데 생활 방식과 생각을 강제할 수 없으니 이 정도 불편은 감수해야 한다.

(2022년 3월 16일)

아직 아침에는 차가움이 묻어난다. 서암 체육공원을 향하는 마송 사람들이 패딩과 외투로 몸을 가리고 총총한 걸음을 걷는다. 내일부터 사흘간 또 비가 오고 다음 주 초에는 반짝 꽃샘추위도 예보되어 있다. 이렇게 밀당을 하다 보면 시나브로 봄이 다가와서 천연덕스레 낯짝을 디밀 것 같다.

(2022년 3월 17일)

코로나19 하루 확진자 수가 50만 명을 넘어섰지만 방역 수칙은 좀 더 완화된다. 코로나 상황에서도 주말마다 꽤 많은 수의 청첩장이 날아온다. 가까운 친척을 제외하고는 전화나 문자, 톡으로 축하의 마음을 전하고 축의금은 계좌 이체를 하는 상황이 벌써 2년 넘게 계속되고 있다. 아무래도 코로나가 종식돼도 밤 문화나 경조사 문화는 이대로 정착될 것 같다. 하얀 파꽃과 배추꽃, 무꽃이 그립다.

(2022년 3월 18일)

어젯밤 슬쩍슬쩍 눈치 보며 비가 흩뿌리고 바람도 세게 불더니 아침 공기가 차갑게 느껴지는 게 오던 봄이 경기를 할까 걱정이다. 산림조합에서 표고버섯 접종목을 가져다 그늘에 세웠다. 일 년 묵은 거라 올부터 나올 거라는 말에 잔뜩 설레는 맘으로 데려왔으니 물도 자주 뿌려주고 가끔씩 망치로 울려주기도 하면서 지켜봐야겠다. 더딘 꽃 소식에 안달복달했더니 마당께 산수유가 제법 노릇하게 꽃망울을 준비하고 목련도 가지 끄트머리마다 꽃망울을 부지런히 키운다. 봄 마중이라도 가야 할까 보다.

"나 찾다가 흙 묻은 호미만 있거든 예쁜 여자랑 손잡고 섬진강 봄물을 따라 매화 보러 간 줄 알그라."고 하신 김용택 님의 시가 참 좋다.

(2022년 3월 21일)

봄을 시샘하는 때 늦은 눈이 제법 내렸다. 이제 막 눈 뜨려는 나뭇가지 움이 놀랬을까. 꽃 몽우리가 움츠려들지는 않을까, 오던 봄이 발길을 돌리지는 않을까 걱정했는데 다들 무사히 자연의 순리대로 선물 같은 봄 준비에 바쁘다. 오늘, 낼은 아침 기온이 영하로 살짝 내려갈 거라는 예보에 부지런을 떤 감자가 걱정이긴 하다.

(2022년 3월 22일)

네 번째 절기인 춘분을 지내고 이제 땅을 갈아 농사를 준비할 때다. 좋지 않은 일은 춘분 전에 털어버리라고 했으니 이젠 좋은 일만 있었으면 좋겠다. 주말에 또 비 소식이 있다. 언 땅이 녹으면서 밭에는 빗물이 스며들고 논배미엔 물이 잡히고 세상이 파랗게 색칠해지는 봄이 온다.

(2022년 3월 23일)

어느새 수리조합 물이 넘어온다. 논마다 물이 들어차면 논두렁도 만지고 논갈이도 시작하면서 이제 농부들의 시간이다. 물 냄새가 싱그러운 게 올 농사도 풍년이 틀림없다. 산골짜기 수렁배미엔 아마 개구리알이 새까맣게 엉켜있을 거다.

아침 기온도 힘을 내서 오르기 시작했다. 아버지께서 돌아가셔서 부고를 냈다.

(2022년 3월 28일)

코로나 여파로 6일장으로 아버님을 모시고 빈소를 찾거나 마음으로 위로해 주신 분들께 감사 인사장을 보냈다.

(2022년 3월 31일)

어제 오후 나절 비인 듯 아닌 듯 내리더니 봄이 훌쩍 다가섰다. 일주일이 어떻게 지났는지 모르겠다. 아버지 부음을 전해 듣고 병원으로 가서 시신을 인도받아 장례식장에 안치하고 빈자리가 없어 다음날부터 겨우 빈소를 차려 조문을 받았지만 화장장 문제로 또다시 이틀을 기다린 후, 지난 월요일에야 가까스로 화장을 모셨다. 어제는 읍에 가서 사망신고를 하고 이런저런 잡다한 서류정리와 조치할 것들로 시간을 보내고 텃밭을 삽으로 파 일궈 쇠스랑으로 고른 다음 비닐을 씌우고 딸기 모종 열두 개와 꽃상추 열 개를 심었다. 손주들을 꾈 아이템이다.

마당에선 그새 흰 목련이 하품을 하고 산수유도 제법 노란색 옷깃을 자랑한다. 수수꽃다리는 한창 꽃망울을 키우고 목단도 검붉은 새순을 낑낑대며 밀어 올린다. 시끄럽게 재잘대는 풀, 나무들로 마당이 시끌벅적하다. 아버지상을 치르느라 결혼식이 다음 달로 다가온 아들 녀석의 늦은 상견례도 깨지고 33주년이 된 결혼기념일도 챙기지 못했지만, 아버지를 편히 모신 것만도 다행이고 위안이다. 이제 다시 일상이다.

(2022년 4월 1일)

4월 첫날이다. 아내가 딸네를 다녀오는 길에 퇴근 시간에 맞춰 기다려 주는 바람에 기대치 않은 호사를 누렸다. 자투리 시간이 나길래 집 주변을 좀 돌아봤더니 꽃잔디가 집터 위쪽 언덕배기에서 새 줄기를 뻗어가면서 연보랏빛 꽃을 피우기 시작했다.

며칠 전부터 암탉이 알 열 개를 품고 있는데 알을 품고 있는 녀석이나 저나 부화를 처음 시도하는 초보인지라 결과가 어떨는지 예측도 못 하겠다. 4월에는 이래저래 식구가 늘어날 것 같다.

"자랑스런 김포인 상", 정말 의미 있는 상을 받았다. 지난 1996년 1월에 내무과 행정계에 근무하면서 시 승격 계획 초안을 작성하고 직접 진행해서 1998년 4월 1일에 김포가 시로 승격했다. 물론, 내가 아니라도 누군가의 손에 의해 시 승격이 이루어졌겠지만 35년 공직생활에서 가장 자랑스런 자부심으로 남아있는 일이고 그래서 감회가 남다르다. 공무원 생활 정말 열심히 잘한 거 맞죠.

(2022년 4월 4일)

T.S엘리엇은 "4월은 가장 잔인한 달. 죽은 땅에서 라일락을 키워내고 기억과 욕망을 뒤섞고 봄비로 잠든 뿌리를 뒤흔든다. 겨울은 따뜻했었다. 대지를 망각의 눈으로 덮어주고 가냘픈 목숨을 마른 구근으로 먹여 살려주었다."라고 노래했다.

엘리엇이 노래한 삶과 죽음, 신과 인간 사이에서 잔인할 수밖에 없는 4월, 그리고 삼신할미의 생명 점지와 자연의 양기를 가져다 사람의 기운으로 바꾸는 우리의 삼월 삼짇날, 4.3 제주의 비극이 모두 지금이다. 역설이든 직설이든 봄은 이래저래 정신을 혼미하게 한다.

(2022년 4월 5일)

월, 수, 금 일주일에 세 번 저녁 시간에 필라테스를 하기 위해 08~17까지 유연근무로 전환했다. 아내와 함께 등록을 했는데 남자라곤 나 혼자라 청일점인 셈이다.

이제 겨우 두 번의 수업, 이리저리 몸을 쓸 때마다 곡소리만 나고 아직 특별한 감흥이나 효과가 어떨지는 모르겠다. 그래도 전신을 스트레칭하고, 몸 속 내근을 쓰는 연습을 하다 보니 많이 개운하고 편안한 느낌이 든다. 오랜만에 운동을 한답시고 운동복과 양말도 장만했으니 돈값을 위해서라도 열심히 해야겠다.

(2022년 4월 6일)

어제는 식목일인 동시에 청명. 또한, 오늘은 한식이다. 한식은 원래 묵은 불을 끄고 새로운 불을 다시 붙이는 의식을 주기적으로 거행한 데서 유래했다. 한식은 손 없는 날이라 산소에 뗏장을 새로 입히는 사초 드리는 일을 하거나 간단한 제물을 준비해서 조상 산소에 제사를 올리기도 했다. 한식날에 비가 오면 '물한식'이라 해서 그해 풍년이 든다고 했으니 내일로 예보되었던 비가 오늘 내렸으면 좋겠다. 청명과 식목일과 한식, 늘 거의 같은 날에 겹치거나 하루 상관으로 앞뒤로 있기 마련인데 올해는 식목 행사도 논두렁 만질 일도 없이 지나갔습니다. 아직 한식은 유효하니 기름 냄새 풍기는 집이라도 찾아 들어가 화전花煎이라도 얻어먹어야겠다. 어디 두견화 한 소쿠리 따다가 화전 부치거나 쑥떡 안 치는 집 없나요?

(2022년 4월 8일)

아버지께서 돌아가신 지 벌써 보름이 지났다. 주변 들녘은 논두렁을 다시 만지고 못자리 물을 잡는 등 농사 준비가 한창이다. 고질적인 허리 병에도 이리저리 바쁘게 소를 몰아 논밭을 갈고 기다란 가래 장부를 메고 오가시던 아버지의 생전 모습이 떠올라 맘이 싸하게 아파온다. 장례를 치르는 동안에는 그리움이나 슬픔을 제대로 쏟아내지 못했는데 어스름한 저녁나절, 혼자 깨어있는 새벽에는 가슴 밑둥가리에 그리움이 한 뼘씩 자란다. 밖으로 드러내지 못할 그리움이다.

望父歌

수리조합 대간선 가득
봄 단물 넘어와
요양병원 중환자실 아비 팔뚝
너덜해진 혈관 찾은 링거처럼
논틀마다 우당탕 따라 주고는
간 겨울 흔적까지 싹 치우며 내닫는다.
검버섯 핀 얼굴에 핏기가 돌듯
내리 닫힌 눈꺼풀을 바들거리듯
한순간 회광반조로 속여 먹고는
마치, 효험이라도 본 것처럼
큰 효도라도 했단 듯이

우쭐대며 쫄래쫄래 흘러가겠지.
즈 아부지 상연 줄도 모르고
봄물 꽁무니 따라가겠지.

(2022년 4월 10일)

시詩로 등단을 했다. 그동안 보잘것없는 글을 좋게 보아주고 응원해주신 분들께 감사한 마음을 전했다.

감사드립니다.

이번에 계간 시인정신 2022년 봄호를 통해 시 부문으로 등단을 하게 되었습니다. 그동안 등단에 대한 꿈을 내려놓은 적이 없었기에 기쁘기도 하지만, 등단이라는 통과의례가 갖는 책임감이 더 무겁게 느껴지기도 합니다. 당선 소감을 통해 말씀드린 것처럼 걸머진 등딱지를 온전히 털어내고 날아오를 수 있도록 더욱 정진하고 앞으로 나아가겠습니다. 그동안 큰 관심과 사랑으로 지켜봐주시면서 도와주신 덕분에 오늘과 같은 기쁨과 영광이 있을 수 있었습니다. 마음속 깊이 감사드리면서, 앞으로도 변함없는 성원과 지도편달 부탁드리겠습니다.

2022년 4월 옥개올 촌가에서

조성춘 올림

아침 일찍 마니산에 가려고 집을 나섰다가 잠깐 쏟아지는 비에 놀라 문수산에 올랐다. 다행히 비가 금방 긋는 바람에 우중 산행을 면하고 봄기운 완연한 문수산을 탐하고 돌아왔다.

닭장에 힘의 균형이 깨졌다. 그동안 서열 2위에 있던 청계 수탉이 서열 싸움에서 밀려났다. 요 며칠 새 겁 없이 토종 수탉 앞에서 보란 듯이 여러 암탉들과 교미를 하더니 서열 1위 녀석한테 제대로 참교육을 당했나 보다. 어쨌든 이제 더 이상 수탉 노릇은커녕 목숨마저 장담할 수 없는 지경인 것 같아 서둘러 잡았다. 마침 아내가 오늘 딸네집에 다니러 갔으니 손주 녀석이 몸보신하게 생겼다.

(2022년 4월 12일)

한낮 기온이 20도를 넘어 마치 초여름 같은 날이다. 장릉 저수지에 텃새처럼 자리를 차지하고 있는 원앙이와 청둥오리가 제법 화목해 보였다. 이맘때쯤이면 샛노란 비단잉어가 산란을 위해 얕은 물가에까지 나와 퍼덕거릴 텐데 웬일인지 눈에 띄지 않는다. 요새는 그저 눈길 닿고 발에 툭툭 걸리는 게 죄다 봄이다. 새벽부터 꾸역꾸역 내려앉은 안개가 제법 비를 가장하고 있다. 집사람은 동네 아낙들과 엄나무 순을 뜯으러 갔다.

(2022년 4월 13일)

간밤에 비가 왔다. 겨우 한 사발도 채우지 못할 서너 숟가락 정도라 봄 가뭄을 생각하면 모자라기 짝이 없지만 밭농사에는 이마저도 감지덕지다. 비를 머금어서인지 봄꽃이 더 깨끗하다.

(2022년 4월 14일)

곡우가 채 일주일이 남지 않았으니 눈치껏 알아서 뿌려주면 좋을 법도 한데 영 성에 차지 않게 비가 왔다. 밤에도 10도를 오르내리는 기온 탓에 벚꽃을 비롯한 봄꽃들이 화려하게 만개하는 건 참 보기 좋긴 한데 시차를 두고 오래 보는 재미는 아무래도 틀린 것 같다.

길섶 꿩의밥도 여물어 가고 무릇도 무더기로 파랗게 돋아있다. 햇살이 쏟아지는 개울 둑과 논두렁에는 아낙들이 쑥을 뜯고 긴 갈고리와 잘래기를 들고 휘적휘적 걷는 이는 두릅과 엄나무 순을 훑으러 다니는 사람들이다. 개울 옆에 울타리를 겸해서 돌려 심은 오가피나무에도 파릇한 새순이 매일 한마디씩 자라고 앵두꽃을 따서 입에 물고 암컷을 희롱하는 참새는 짧은 봄날을 재촉하듯 부지런한 날갯짓으로 종종거린다.

(2022년 4월 15일)

눈에 보이지도 않는 바이러스가 세상을 정말 많이 바꾸어 놓았다. 지금이 일상인지 2년전 코로나 창궐 이전을 일상이라고 해야 할지 정말 모르겠다.

봄을 구성하는 여러 가지 중에 이미 그 효용이나 기능을 다한 것들이 생기고 있다. 아직 봄의 끝물을 말할 때는 아니지만 그게 어떤 거든 한창일 때라야 감흥도 제대로 느낄 수 있나 보다.

(2022년 4월 18일)

아들 녀석이 장가간다면서 지가 번 돈으로 예식 정장을 마련해

주겠다고 해서 한 달쯤 전에 함께 백화점과 한복점에 가서 미리 사고 맞춘 옷을 찾아서 가져왔다. 어쨌든 애들이 온다 하니 고기도 굽고 엄나무 순도 새로 따서 데치고 텃밭 가장자리에 올라 온 돌미나리와 상추도 도려서 깨끗하게 씻어 쌈으로 올렸다. 새로 해서 담근 오이소박이와 김치냉장고에서 알맞게 숙성된 묵은지도 맛나게 잘 먹어주니 이쁘기만 했다.

한참 봄이 무르익는 시골에는 생명이 넘쳐난다. 검정색 닭이 품고 있던 알에서 마침내 병아리 한 마리가 부화 되어 나왔다. 또, 흰색 청계와 백봉 오골계도 포란 조짐이 보이길래 알을 넣어줬더니 두어 번 들락거리다가 어제부터 제대로 알을 품기 시작했다. 까만 토종닭이 몇 마리를 부화시킬지 궁금하고 막 포란을 시작한 두 녀석도 끝까지 잘 해줬으면 좋겠다.

(2022년 4월 19일)

어느새 곡우. 곡우는 농사를 시작하기 좋게 비가 내린다는 의미이고 이때쯤 못자리도 만들기 시작한다. 또한, 곡우에는 '곡우물'이라고 해서 자작나무나 산다래, 박달나무의 수액을 채취해서 마시고 곡우날에 따서 만든 차를 '곡우차'라 부르고 '우전차'와 '우후차'를 나누는 기준도 바로 곡우다. 곡우 즈음해 서해 연평도 인근까지 올라와서 잡히는 조기가 살도 연하고 맛이 특별해서 '곡우사리'라고 불렀다. 고로쇠 물 한 대접 시원하게 마시고 잘 덖은 우전차 한잔 내려 마시면서 입하를 향해 치닫는 봄의 스러짐을 아쉬워야겠다.

(2022년 4월 21일)

코로나 확진자가 여전히 많이 나오지만 이미 마스크 쓰기를 제외한 대부분의 거리두기 관련 제한과 금지들은 해제되었다. 그런데도 4차 백신 접종 대상자라면서 주사를 맞으라는 친절한 구뻬의 안내가 있었다. 당연히 맞을 거다. 백신 접종 후유증으로 고생하는 아내를 생각하면 속이 상하지만 최근, 여러 가지 축하받을 만한 기분 좋은 일이 몇 개 겹치다 보니 너무 나대지 말고 자중하고 경계하라는 의미인가 보다. 봄은 그렇게 제대로 쳐다보는 이 없이 어물쩡 지나가고 있다. 그래도 개나리, 진달래가 진 자리에는 철쭉과 수수꽃다리가 냉큼 자리를 잡고 동구 밖 뉘 집 마당에는 복숭아꽃 살구꽃이 만발했다.

(2022년 4월 22일)

통진읍 서암 5리, 그중에서도 물이 맑아 '옥개울'이라고 불리는 곳에 살고 있다. 약 350평쯤 되는 터에 집과 창고, 닭장, 차고 등 건물이 있고 마당과 진입로를 뺀 나머지 땅은 소나무와 꽃나무, 과일나무 등을 심고 약 100평 정도 밭을 두어 이것저것 농사도 짓는다. 집 뒤쪽 위로는 농조수로 박스 암거가 지나가고 그 위로 묵은 데처럼 투박한 밭이 있으며, 이어서 묏등을 지나 야트막한 산을 오르면 서암체육공원이 자리 잡은 골짜기가 아래로 보이고 여기서 조금 더 올라가면 새해 첫날마다 해맞이를 하는 산봉우리가 펑퍼짐하게 있는데 '높은 자리'라고 부른다. 집 뒤쪽 야산 바로 아래 있는 투박한 밭은 우리 집 옆 보온병을 만드는 공장 식당 아주머니께서 철마다 이것저것 알뜰하게 심고 가꾸셨는데 밭 가장자리에 백태와 서리태도 심었었는지 비둘기나 어치가 가끔 내려와 눈치를 보면서 두리번거리며 먹이활동을 왕성하게 한다.

며칠 전부터는 작년에 같은 배에서 나왔는지 고만고만한 꿩 무리가 늦은 오후 무렵이면 먹이활동과 흙 샤워를 하고는 산 중턱 잔솔밭으로 날아간다. 생각 같아서는 철물점에서 그물이라도 사다가 낮게 쳐 놓으면 몇 마리쯤 잡힐 거라는 생각이 굴뚝 같지만 함부로 잡았다가는 크게 경을 칠 일이기에 마음만 그렇다. 대신, 산에 신록이 우거질 때쯤 잔솔밭을 한 번 뒤져 봐야겠다. 재수가 좋으면 어리바리한 꺼병이 몇 마리쯤 얻을 수 있지 않을까? 그러면 데려다가 애지중지 키워 보는 일도 나쁘지 않겠다는 생각을 잠시 해본다. 서너 마리 까투리를 거느린 장끼의 도전적인 자태에 홀려서 별스런 상상을 다 한다.

(2022년 4월 26일)

정말 오랜만에 휴가다. 1년에 21일 정도 연차를 쓸 수 있는데 애들이 자랄 때는 성화에 못 이겨 매년 여름 처가인 완도에 다녀오고 동네 초상이라도 나면 상여를 메느라 써서 열흘 남짓은 썼던 것 같은데 최근 몇 년 새에는 고작 2~3일 정도로 줄었다.

그래서인지 아내와 어디 특별한 데를 함께 다녀온 기억도 별로 없다. 겨우 주말마다 마니산과 문수산에 가고 시간 나면 남정굴

산소에 가거나 넓은 마당과 텃밭에 쭈그리고 앉아 풀을 뽑거나 수확도 별로 바라기 힘든 농작물에 매달려 씨름하는 게 고작이다. 사실 이번 휴가도 백신 접종 후유증으로 가뜩이나 컨디션이 떨어진 아내를 위해 손주들 건사하러 딸네를 오가는 동안 운전기사도 하고 할애비 노릇도 좀 하라는 은근한 협박을 못 이긴 측면도 있다. 어차피 7월부터는 공로연수라는 미명 아래 싫든 좋든 퇴직 후 생활에 대해 이리 궁리 저리 생각하면서 지내야 하는데 미리 연습이라 여기고 적응하는 방법을 터득해야겠다.

(2022년 4월 27일)

봄 가뭄이 길다. 비가 온다고 연신 나발을 불어대더니 정말 지렁이 오줌만큼 질금거리고 만다.

어제는 동네 초상이 났다. 전 같으면 빈소에서 밤을 새면서 상심부름도 하고 장일에는 상여도 멨을 텐데 저녁에 잠깐 들러 조상하고 돌아왔다.

부화 후 열흘 남짓 자란 병아리들이 제법 어미 닭을 따라 닭장을 이리저리 오가면서 작은 발로 흙을 버르젓고 모이를 찾아내는 걸 보니 대견하다.

저녁 그림자가 기울어질 무렵 마당 잔디와 꽃, 나무들에 물을 주고 닦달을 해 두었던 밭에도 비닐 피복을 씌우기 위해 물을 좀 먹여 두었다. 주말에 고추와 참외, 토마토, 가지, 오이 등 이것저것 모종을 사다가 심어야 한다. 생각 같아서는 작년에 실패를 봤던

수박과 애플수박도 다시 심어 보고 싶은데 아무래도 당분간 아내 눈치를 봐야 할 것 같다.

(2022년 4월 28일)

듬성듬성 화사했던 꽃들을 대신해 녹색 이파리와 새순이 온 산을 색칠한다.

떨켜를 남기고 땅에 묻혔던 낙엽들이 다시 잎으로 돌아가는 시간이다. 자연은 그렇게 순리대로 돌고 도는데 인간 세상은 모두 제 잘난 맛에 헐뜯고 고집 피우면서 지금 시간이 영원할 것 같은 착각 속에 사는 것 같다.

(2022년 4월 29일)

모처럼 비가 예보되어 어린애처럼 신나 하면서 고추 모를 냈다. 아침 일찍 KTEP 강의를 듣고 부랴부랴 안양 딸네로 가서 방아깨비 건사하고 돌아오는 길에 농약사에서 모종 100개를 사다 심었다. 올부터는 어떤 작물이든지 일을 크게 벌이지 않겠다던 말이 무색하게 밭을 있는 대로 족다거리게 하더니 서둘러 비닐 씌우기를 종용한 아내 지시에 꼼짝없이 공범자로 가담할 수밖에 없었다. 앞으로 추비를 하고 일일이 말뚝을 박아 줄을 띄워서 잡아 매주는 일부터 병해충이 꾀지 않게 하는 일까지 전부 내 몫이다.

아내도 일이 많아졌다. 저녁마다 호스를 늘여 물을 주고 고추가 빨갛게 익기 시작하면 모기에 뜯기는 것을 감수하면서 따다가는 씻고 말려서 고춧가루로 만들어야 하니 말이다. 하지만 이건 어디까지나 지금 기준으로 일이고 7월부터는 공로연수 기간이라 교육을 위해 며칠 비우는 걸 빼고는 거의 집에 있을 테니까 아무래도 아내의 큰 그림이 아닌가 합리적 의문이 든다.

(2022년 4월 30일)

4월 마지막 날, 잔뜩 흐리고 바람이 불다가 힐끗힐끗 해가 얼굴을 내미는 종잡을 수 없다는 날씨다. 오랜만에 할아버지, 할머니 산소엘 들렀다. 꼴망태를 대신한 플라스틱 바구니에 톱과 호미, 전지가위를 챙기고 호기롭게 뒷산으로 올라 옻우물 골짜기에 들어앉은 서암생활체육공원을 내려다보면서 높은 자리 산봉우리를 찍고 오래전에 폐쇄된 참호와 토치카를 따라 조릿골과 남정굴을 거쳐 방마골 뒤쪽 찬우물로 내려서니 벌써부터 땀이 쏟아져 내렸다.

중학교 졸업식이 있던 날 돌아가신 할아버지와 GOP에서 군대생활을 하고 있을 때 돌아가신 할머니를 불당골 가재물 둥치 아래 큰댁 산에 합장으로 모셨었다. 육촌 동생이 선산 주변을 전원주택으로 개발하는 바람에 지금의 종중산으로 이장을 해서 모신 게 이십여 년 전이다. 이장 후에는 아버지가 거의 매일 잡초를 뽑고 흙을 져 나르시고 하시면서 가꾸셨다. 그 후, 당신이 병로하시면서부터 산소 관리가 엉망이었던 걸 4년여 전 들어와 살면서 다시 조금씩 손을 보고 있다.

사성과 봉문, 제전 앞까지 빼곡하게 들어찬 잡풀을 뽑느라 비석 위에 올려놓은 핸드폰에서는 “Dust in the wind”가 흘러나오고 산소 아래 굿당에서는 자리걷이를 하는지 꺼이꺼이 무당이 통곡을 하고 징과 재금 소리가 끊어지는 울음 사이를 절묘하게 파고 들었다.

(2022년 5월 2일)

4월 마지막 날과 5월 첫날이 함께한 주말에 신혼여행을 다녀온 아들네를 들렀다. 형편껏 장만한 공간이라 좁고 허름했지만 나름대로 취향을 살려 아기자기 예쁘게 꾸며 놓은 걸 보니 안심이 되었다. 집사람 입맛에 맞는 감자탕을 점심으로 먹고 왔다.

오늘부터 2년 반 동안 우리를 옥죄고 힘들게 했던 코로나 상황이 거둬진다. 100% 완벽한 회복은 아니지만 바깥에서는 대부분 마스크를 쓰지 않아도 활동이 가능하고 여러 가지 제약과 금지들도 풀어진다. 퍽이나 다행스런 일이다.

(2022년 5월 3일)

'연리지', 두 개의 서로 다른 나뭇가지가 맞닿아 이어진 것을 말하는데 가지가 이어진 것을 '연리지', 줄기가 이어지면 '연리목', 뿌리가 이어진 것은 '연리근'이다.

원래 '연리지'는 중국 '후한서' '채옹전'에 나오는 말로 '효심'을 뜻하였으나 당대의 문장가였던 백거이가 현종과 양귀비의 슬프고 아름다운 사랑을 이야기한 '장한가'를 통해 "~하늘에서는 비익조가 되고 땅에서는 연리지가 되자."고 천보 10년 7월 칠석날

화청궁 장생전에서 나눈 사랑의 맹약을 소개하면서 남녀 간의 지극한 사랑을 뜻하는 의미로도 쓰이게 되었다고 한다.

우리나라에서 유명한 연리지로는 제주 비자림에 있는 연리근과 대웅전 꽃살분할문으로도 유명한 천년 고찰 논산 쌍계사의 연리근이 있고 담양호에는 종이 서로 다른 갈참나무와 상수리나무의 연리목이 있다.

그런데 김포에도 기가 막힌 연리목이 있다는 사실을 아는 사람은 별로 없는 것 같다. 나 역시 어제야 처음 알았다. 그것도 먼 데이거나 찾기 힘든 깊은 산속이 아니라 거의 매일 지나치다시피 한 아주 가까운 곳에 있었다.

월곶면 쪽에 출장을 갔다가 복귀하는 길에 근처에 연리지가 있는 근사한 카페가 있다는 직원 소개에 들른 곳이 통진읍 도사리에 빈로드라는 루프탑 카페였다. 통진문화회관 근처이고 맞은 편에 '소녀서가'라는 카페도 있으니 인터넷에서 검색하시면 쉽게 찾을 수 있다. 이 카페 문 앞에 커다란 물푸레나무와 회화나무가 연리근인 듯 아니면 연리목인 듯 서로 엉킨 채 300년 넘게 연리지로 자라고 있다는 안내판을 볼 수 있다.

물푸레나무는 꿀풀목 물푸레나무과에 속하며 어린 가지의 껍질을 벗겨 물에 담궈 두면 푸른 물이 나온다. 화성 전곡리에 있는 350년 된 물푸레나무가 천연기념물 470호로 지정되어 있다. 회화나무는 콩목 콩과에 속하는 활엽 고목으로 은행나무, 느티나무, 팽나무, 왕버들과 함께 우리나라 5대 거목 중 하나로 당당하게 자리잡고 있다. 경주 계림에는 약 1300여 년 된 회화나무 고목이 있다.

그렇게 보면 통진 도사리에 있는 연리지는 종이 서로 다른 나무끼리 연리지가 되었고 수령이 300년 이상 된 두 나무의 연리지로도 매우 귀할 뿐만 아니라 특히 물푸레나무는 더더욱 귀한 사례라 할 것이다.

지금부터 300년 전 무슨 일이 있었기에 도사리 허허벌판 야트막한 동산에 연리지가 생겨나 그 오랜 세월을 떨어지지 않고 꼭 붙어 서 있는 걸까? 1722년은 숙종과 희빈 장씨 사이에서 태어나 조선 20대 왕이 되어 1720년부터 4년간 짧게 보위에 있었던 경종의 치세 기간이다. 더욱이 1722년에는 왕에 대한 시해 모의가 발각되어 노론 4 대신을 사사하고 노론을 모두 숙청한 신임사화가 있었다.

그렇게 보면 정치와 사회가 불안하니 민초들의 삶도 팍팍했을 테고 얼마나 많은 기구하고 속절없는 사연들이 묻혀 지나갔겠는가? 이런 애처로움과 안타까움들이 연리지로 맺혀 지금까지 결을 풀지 못하고 있는 건 아닌지 하는 생각에 거칠거칠한 표피를 만져보고 울퉁불퉁 속이 비어가는 목심을 바라보면서 연민과 슬픔이 스미듯 올라왔다.

(2022년 5월 4일)

내일이 24절기 중 일곱 번째인 입하다. 입하는 곡우 때 마련한 못자리가 제법 자리를 잡아가고 해충과 잡초도 늘어나서 농사일이 바빠지는 시기다. 또한, 여름이 다가오는 것을 알려주며 신록을 재

축하는 절기이기도 하다. 그래서 입하를 초하, 유하라고 부르기도 하고 보리가 익어가는 무렵이라 해서 맥랑, 맥추라고도 불렀다. 입하를 즈음해서 올라온 어린 쑥을 뜯어다가 쌀가루와 섞어서 시루에 쪄낸 쑥버무리를 먹을 때이기도 하고 초의선사께서는 첫물 우전차보다 입하 즈음에 수확한 두물머리를 상품으로 더 평가했다. 또한 이팝나무꽃으로 한해 농사를 점치기도 했다.

어린이날에는 딸애와 사위가 손주, 손녀를 앞세워 다녀가고 어버이날에는 아들이 며느리와 함께 다니러 온다고 한다. 마침 병아리도 새로 까서 나올 예정이고 철쭉이 한창인 가운데 함박꽃과 모란도 꽃망울을 터트릴 모양인데, 이참에 이팝나무도 쌀처럼 새하얀 꽃들을 한꺼번에 피워 올려 풍년 농사를 기약하면 좋겠다.

어미 닭이 병아리를 불러 모으는 마당 한켠, 초록 새순이 구멍 숭숭한 그늘을 만들어 주는 단풍나무 아래서 검정콩이 드문드문 박힌 쑥버무리를 손으로 떼어 얼굴을 찡그리고 도리질을 하는 손주 녀석 작은 입에 넣어 주는 걸 상상하는 것만으로도 웃음이 번져 나온다.

(2022년 5월 6일)

어린이라는 큰 벼슬을 쓴 손주와 손녀를 앞세우고 집에 온 딸네와 어린이날을 함께 지냈다. 아내가 대명항에서 사온 큼직한 꽃게도 찜기에 쪄서 발라주고 솜털이 거의 가신 병아리를 구경하라고 닭장 문도 개방하고 마당과 집 주변에 가득한 꽃도 만지게 하면서 오전을 지냈다.

점심은 옹정리에 있는 카페에서 손주가 가장 잘 먹는 파스타와 피자로 하고 오후 나절은 다도박물관에 가서 그늘진 잔디밭에 돗자리를 깔아주고 맘껏 뛰게 했다. 저녁은 마당에서 고기를 구워 상추에 싸 주면서 오물거리는 작은 입을 닦아 주었다. 하루종일 바깥에서 전쟁을 치른 애들을 씻기고 배웅을 하고 나니 우리 두 내외 모두 피곤에 지쳐 한동안 소파에 널브러졌다.

세상에 나쁜 부모는 없다. 모든 부모가 자신이 늙는다는 사실조차 아랑곳하지 않고 자녀들이 빨리 자라기만을 바란다. 먹고 입고 자는 것은 물론 안락함이나 수고스러움, 위험과 행복, 기쁨과 슬픔 모두 좋은 건 자식에게 주고 나쁜 건 자신이 기꺼이 감당한다. 모든 부모의 가슴에 빨간 카네이션이 활짝 피었으면 좋겠다.

(2022년 5월 9일)

어린이날 미리 다녀갔던 손녀딸은 카네이션 분장을 한 사진을 보내서 큰 웃음을 주었고 아들 내외는 어버이날과 사흘 뒤 엄마 생일 모두 축하한다면서 케익과 선물을 들고 다녀갔다. 기력이 많이 떨어진 아내를 위해 장어구이로 점심을 먹고 문수산 아래 카페에서 차를 마시면서 옛날얘기를 나누었다.

애들을 보내고 선물을 풀어보니 트렌디 하고 세련된 스카프와 꽤 많은 액수의 현금, 그리고 며늘애가 쓴 손편지가 담겼다. 깨알같이 작은 글씨로 단정하게 엽서 한 장을 채운 편지는 담담하면서도 진심이 느껴지도록 감사와 다짐을 전하고 있었다.

텃밭의 작물도, 닭장의 병아리도 늘어나 건사해야 할 게 더 많아졌다. 며느리가 들어와서 새롭게 이어진 인연들도 늘었다. 식구가 는다는 건 행복할 수 있는 일이 더 많아진다는 의미인 것 같다.

(2022년 5월 10일)

코로나19가 끝물인 와중에 백신 4차 접종을 했다. 어쨌든 오미클론이니 스텔스 뭣이니 하는 새로운 변종에 일일이 대응은 못한다 하더라도 백신 접종이 확진 시 위중증으로 악화되는 일을 현저하게 줄일 수 있다는 의료계의 의견은 수용할 만하다는 생각에서였다. 물론, 지난 세 차례 접종에서 특이한 이상 반응이 없고 백신 접종 덕분인지는 몰라도 주변에서 확진 사례가 빈번하게 발생했어도 아직까지 끄떡없는데 대한 신뢰도 한몫했다.

오랜 봄 가뭄으로 목마름이 계속되고 있어 걱정이다. 저녁에 퇴근하는 대로 텃밭 작물과 마당께 화초, 수목에 물을 흠뻑 주어야겠다.

(2022년 5월 12일)

"어디가 불편해서 오셨죠?"

"허리요…"

"허리가 어떻게 아픈가요?"

"한 10년쯤 된 것 같은데요. 부정기적이긴 한데 1년에 한두 차례씩 허리가 아프고 어떨 때는 오른쪽 허벅지 바깥쪽이 저릿저릿 저리기도 해서… 심하지 않으면 파스 붙이고 진통제를 먹고 많이 아프면 통증 클리닉에 가서 프롤로테라피 주사 처방을 받곤 했습니다."

"그럼 지금도 아픈가요?"

"아닙니다. 올 3월에 심하게 아팠습니다."

"그럼 지금은 하나도 안 아파요?"

"보통의 경우 파스 붙이고 진통제만 먹는 경우에는 일주일 정도 주사 처방을 받을 때는 길어야 보름 내외 고생했는데, 지난 3월에는 통증도 훨씬 심했고 다리 저림도 종아리까지 내려가고 무엇보다 다리에서 힘이 빠져 절뚝거리고 달리기를 못 할 정도였습니다. 3월 한 달은 계속 심하게 아팠고 4월 중순까지 증상이 점차 나아졌는데 5월부터는 아프기 전처럼 생활하고 있습니다."

"그럼 아플 때 오셔야겠네요."

"예약은 분명 아플 때 한 거고 이제는 나이도 먹어 겁도 나서 온 건데 혹시 4월부터 필라테스를 시작했는데 운동 때문에 나은 걸까요?"

"2013년에도 오셨었는데 그때도 디스크가 퇴행성을 보이고 있었어요. 나았다기보다는 신경이 적응을 한 겁니다. 어쨌든 지금은 아무런 증상도 없으시니 돌아가시고 다시 아프시면 MRI 찍어서 다시 오세요."

한 달 반 전에 예약을 하고 새벽부터 서둘러 채비를 해서 출근 시간대라 꽉 막히는 서울 도심을 2시간 가까이 운전을 하고는 다시 한 시간여를 대기하고 겨우 진료실에 들어간 지 채 10분도 되지 않아 그렇게 쫓기듯 내몰려 나왔다.

생일날인데도 같이 부지런을 떨어준 아내를 위해 신촌 현대백화점에 들러 샐러드와 파스타, 피자, 스테이크로 구성된 세트 메뉴를 시켜 먹으면서 가족 단톡방에 올려 자랑질도 좀 하고 애들한테 생축 메시지도 받았다.

아카시아, 찔레꽃 향기가 바람에 실려 와 코끝에 닿는다.

(2022년 5월 13일)

예닐곱 평 남짓한 닭장 안에 서른네 마리가 지내고 있다. 부화한 지 채 일주일이 안 된 녀석들을 포함해서 병아리가 절반 가량인 열여섯 마리이고 어미 닭이 열여덟 마리인데 그중 수탉이 세 마리, 암탉이 열다섯 마리다. 작년 늦가을에 입식을 할 때만 해도 지금보다 많은 스물서너 마리였는데 서열 싸움에서 장렬히 사라진 수탉도 있고 암탉 중에도 시름시름 죽은 것도 있다.

겨울에는 하루 서너 개 정도 알을 꺼내기가 힘들었는데 봄이 되면서는 하루 평균 다섯 개를 넘기더니 요새는 보통 아홉 개 이상을 낳는다. 덕분에 분가해서 살고 있는 애들한테 꾸러미 꾸러미 알을 챙겨 나르는 게 일이 되었고 동네 사람과 나눔을 하는 일도 잦다. 지푸라기로 알 꾸러미를 엮을 줄 아시는 분이 계시면 배워서 엮어봐야겠다. 무공해 유정란이니 나름 비싸게 팔 수 있지 않을까?

(2022년 5월 16일)

건조하고 메마른 주말이 지났다. 보리를 거두고 모를 내 만물이 꽉 들어찬다는 '소만'을 끄트머리에 매달고 있는데도 비 소식은 열흘 안에 없다. 고추를 비롯한 밭작물들을 지주대를 세우고 끈으로 붙잡아 매주었다. 가지와 토마토는 천정에서 줄을 내릴 수 있게 하고 참외, 애플수박, 오이는 덩굴을 올리기 위해 지주대에 얼기설기 끈을 엮었다. 고추를 무언가 싹둑 잘라 먹어 속이 상했는데 너무 속상해하거나 애쓰지 말고 나눠 먹는다는 생각으로 감수하기로 하고 나니 맘이 편했다.

닭장 병아리들은 제법 커서 털갈이를 한다. 거대 달걀을 두 개 낳았는데 이게 쌍란인지 아니면 슈퍼히어로의 탄생인지 잘 모르겠다. 집사람은 무조건 쌍란이니 빨리 먹어치우자고 보챈다. 일단 부화를 시켜봐야겠다.

(2022년 5월 17일)

갈치의 새끼를 풀치라고 하는 건 바닷물 위에서 살랑살랑 햇빛에 흔들리는 모양이 풀등을 덮고 있는 풀처럼 보이기 때문이라고 한다.

풀등은 강이나 바다에 모래나 자갈 같은 퇴적물이 쌓여서 작은 모래등이 되었다가 띠처럼 길어진, 뭍도 아니고 그렇다고 바다도 아닌, 뭍이면서 바다이고 바다면서 뭍이거나, 혹은 고립된 뭍이거나 연결된 물길 또는 연결된 길이거나 증발된 물이다.

모래 잔등에 어디선가 날아온 풀이 하나둘씩 나기 시작해서 마침내 파랗게 뒤덮어도 물이 밀면 사라지고 물이 멀리 달아나야 비로소 모습을 드러낸다.

가장자리에 빼곡한 달랑게, 칠게, 농게들이 개흙을 집어 먹고 집을 짓고 번식하느라 물이 썰지 않는 길지 않은 시간에도 개펄을 온통 뒤집어 놓는다.

그렇게 바다가 혼자 낳은 섬처럼 우리들 맘속에도 풀등 하나씩은 자라나고 있겠지?

2

라떼 이야기

—철 따라 입맛 따라

설날 밥상과 주전부리

소풍 당일보다는 전날이 더 설레고 잠도 설치듯이, 명절도 막상 당일은 애써 차려입은 설빔 조심하느라, 세배 후 쏟아지는 "공부 잘해라.", "동기간에 잘 지내라." 같은 부담스러운 덕담에 치이느라, 지나치게 경건한 차례 분위기에 주눅 든 채 차례를 지내고 친척 집을 순회하고 나면 어느덧 시간은 시나브로 지나 제대로 명절을 느끼기 어려웠던 것 같다.

그에 비하면 준비하는 며칠 동안은 오히려 설 기분을 만끽하기가 훨씬 좋았다. 무엇보다 차례에 올릴 음식과 명절 음식을 장만하시는 어머니 곁을 빙빙 돌면서 아궁이에 불을 거들거나 이런저런 사소한 심부름을 하다 보면 갓 완성된 엿과 강정, 고깃점을 맛볼 수 있었다.

또한 지금쯤이면 산에 가서 나무를 많이 해 와야 하는 때이다. 그것도 솔가리나 참나무 낙엽이 아니라 죽어 자빠진 굵은 오리나무나 소나무 등걸을 해다가 마당 한쪽에 수북하게 쌓아 놔야만 했다. 그래야 어머니를 졸라 엿을 고아달라고 당당하게 요구할 수 있었으니까. 사실 어차피 차례와 세배 손님 접대를 위해 엿을 고아야 하셨을 텐데 어머니께서는 매해 나무를 해 와야 고아 주시겠다며 우리 삼 남매와 거래를 하셨다.

어머니는 넉넉하게 감주를 해서 식혜로 쓸 건 따로 덜어 뒤뜰 장독대에 보관하고 가마솥 가득 감주물을 내려 밤새 뭉근한 불로 졸이며 엿을 고았다. 뽀얀 물이 갈색으로 변하고 점점 짙어지며 마침내 점성이 생기기 시작하면 적당한 타이밍에 작은 단지에 퍼서 얼른 장독대로 옮겨 식혔다. 이것이 조청이다. 조청을 덜어내어 얼마간 더 졸이면 가마솥 한가운데서 공기 방울들이 왕방울만 하게 맺혔다가 터지는데 이렇게 되면 마침내 엿이 다 고아진 것이다.

어머니는 쟁반에 콩가루를 깔고 엿을 얇게 펼쳐 놓았다. 워낙 뜨거워서 자칫 튀지 않도록 엄청 조심해야 했다. 그렇게 쟁반과 장독 뚜껑 등에 엿을 펴놓아 찬 바람을 쐬어 주었다. 엿이 식고 제법 꾸덕꾸덕해지면 작게 잘라 일일이 손으로 아주 얇게 만들었다. 그러고는 콩가루를 묻혀 엿이 서로 달라붙지 않게 한 다음 엿단지에 넣어 세배를 오시는 친지나 이웃들에게 대접하는 주안상에 올렸다. 겨우내 들락거리며 벽장을 뒤져 엿 단지에서 몰래 꺼내 먹는 스릴 가득한 엿은 죄책감을 녹일 만큼 달고 맛있었다.

엿을 고는 일에 비견할 수 있는 것이 뻥튀기를 튀겨오는 일이었다. 한때는 뻥튀기 기계를 지게에 지고 다니는 사람이 설 명절 임박해서 동네에 나타나면 너도나도 한 손에는 쌀과 옥수수자루를, 한 손에는 작은 나뭇단을 가지고 나와 직접 불을 때면서 뻥튀기를 튀겼다.

가래떡을 뽑아 오는 일은 원래 아버지 몫이었다. 지게에 떡쌀을 지고 동네 방앗간으로 가시면, 얼마 후에 김이 무럭무럭 나는 흰 가래떡을 지고 돌아오셨다. 기름을 발라 고소한 냄새가 풍기는 갓 뽑아낸 가래떡은 조청을 찍어 먹지 않아도 그냥 꿀떡꿀떡 잘도 넘어갔다.

장독대에서 굳히고 얼린 가래떡은 저녁나절에 온 식구가 달려들어 썰어야 했다. 집에 있는 칼이란 칼은 모두 동원되고 도마와 그릇들도 올망졸망 방안 가득 자리를 차지했다. 가래떡을 써는 일은 생각보다 힘이 들었다. 가래떡이 너무 굳으면 칼이 잘 먹히지 않고 너무 무르면 자꾸 달라붙는 통에 아예 썰리지 않았다. 처음에는 얇고 예쁘게 잘 썰지만 팔이 아파오기 시작하면 두께도 두꺼워지고 모양도 보기 싫어져서 어머니의 핀잔을 듣기 일쑤였다. 결국 나중엔 가래떡 썰기 전용으로 나온 작은 작두를 사다가 썼다. 떡국은 주로 소고기로 끓이지만, 어머니는 장닭을 잡아 육수를 내고 삶은 고기는 찢어 양념을 한 다음 계란 지단과 함께 고명으로 올려 주셨다. 특유의 닭고기 맛과 담백하고 깔끔하게 떨어지는 국물이 정말 맛있었는데…. 언제부턴가 더 이상 엿을 고지 않았다. 당연히 조청 구경도 할 수 없고 직접 튀긴 쌀 강냉이 자루와 옥수수 강냉이 자루가 집안에서 사라진 지도 오래다.

며칠 전부터 아내는 이런저런 명절 식단을 구상하기 시작했다. 옆에서 보니 아이들이 어려서 좋아했던 음식 일색이다. 나도 먹고 싶은 게 있는데.

요즘 설 준비

“몸에 좋은 거 해서 바쳤더니 쳐다도 안 보고 사흘 내내 시어 꼬부라진 김치만 먹는 건 무슨 심보래?” 퇴근 후 저녁으로 김치 한 가지만 먹고 있는 나를 보며 아내가 볼멘소리를 한다. 지난 주말에 묻어두었던 김치독을 개봉해서 두어 통 덜어냈는데, 입맛에 알맞게 익었길래 작은 프라이팬에 들기름 조금 두르고 김치를 숭덩숭덩 썰어 넣은 다음 휘리릭 볶다가 물을 한 컵 넣어 자작자작할 때까지 지져 냈더니 신맛과 감칠맛, 들기름 향이 버무려져 옛날 맛이 그대로 나는 제대로 된 김치 지짐이 되었다. 여기에 차례상이나 제사상에 올렸던 육적에서 비계가 많은 쪽으로 조금 베어 넣고 두부, 누름적을 더하면 금상첨화겠지만 잘 숙성된 김치만으로도 아내의 핀잔을 감수할 만큼 맛있었다.

나이를 먹을수록 입맛은 자꾸 옛 기억에 더 당기고 끌리는가 보다. 집사람이 내일부터 바빠질 것 같다. 고운 체로 거른 고춧가루로 말갛고 고운 색의 빠알간 물을 내리고 그 속에 고소한 알배추와 겨우내 더 달아진 무, 배, 사과를 나박나박 썰어 넣고 오이와 당근도 조금 더한 후 실고추를 띄워 나박김치를 담글 것이다. 또,

투명하도록 뽀얀 멥쌀로 밥을 짓고 엿기름가루를 걸러 밥알이 떠오를 때까지 삭혀 감주도 담그겠다고 한다. 육전과 동태전, 아들이 특히 좋아하는 애호박전도 부치고 두부와 누름적에도 기름질을 하겠지.

명절 때마다 두 내외가 거의 하루종일 지옥을 맛봐야 하는 만두도 어김없이 빚어야 한다. 밀가루 반죽을 해서 만두피도 직접 밀고 돼지고기와 두부, 무나물, 잘게 다진 숙성 김치를 잘 섞어 만두소를 만든다. 만두를 빚으면서 틈틈이 찜기로 쪄내 김이 빠지도록 펼쳐 두었다가 조금씩 나누어 냉동실에 보관한다. 겨울밤 만두를 꺼내 동치미나 나박김치에 먹어도 좋지만, 식혜와 함께 먹으면 단짠단짠 환상이다.

토끼 지짐이

모처럼 내린 눈으로 하얗게 변한 집 주변을 한참 구경했다. 이 정도의 눈이면 철사로 올무를 엮어 들고는 뒷산으로 토끼를 잡으러 가야 하는데.

요즘은 유기견과 고양이들이 많아져서 웬만한 산에는 설치류는 물론 작은 새와 토끼, 족제비, 심지어 오소리나 너구리까지 씨가 말라가는지 눈 씻고 찾아볼 수도 없고 배설물이나 싸리나무 등을 썰어놓은 짐승 길도 제대로 찾기 어렵다.

토끼는 습성만 잘 이해하면 눈 덮인 산에서 반나절만 쫓아도 두어 마리쯤은 쉽게 잡을 수 있었다. 토끼는 사람을 보면 후다닥 도망가지만, 조금만 벗어나면 더 달아나지 않고 가만히 쉬면서 주변을 살피다 기척이 느껴지면 또 달아난다. 또 아무리 급해도 자기가 평소 다니던 길로만 주로 다닌다. 따라서 토끼를 사냥할 때 눈 위에 찍힌 발자국을 따라 뒤쫓다 보면 다시 처음 출발했던 근처로 오게 되는데, 그때부터 다른 샛길이 없는 먹통 같은데 올무를 설치하면서 다시 한 바퀴 돌면 십중팔구 올무에 걸려서 발버둥 치고 있는 토끼를 발견할 수 있다.

잡은 토끼 가죽은 잘 벗겨 말렸다가 귀마개 등을 만들어 쓰고 고기는 무채, 마늘, 파를 넣어 소금과 간장 등 기본양념만으로 간을 해서 지져 먹으면 토끼 고유의 맛이 도망가지 않아 담백하고 맛있는 요리가 된다.

산토끼는 대개 잿빛이다. 언젠가 집에서 키우던 토끼들을 50마리 넘게 산에 풀어 준 적이 있는데 흰색과 검정, 바둑무늬 색깔을 가졌던 녀석들이 얼마 지나지 않아 회색으로 변했다. 본능적으로 수풀과 나무에 맞는 보호색으로 털갈이를 하는가 보다.

장끼와 까투리

아침나절 뒷산에서 장끼가 홰를 치고 운다. 해도 퍼지지 않았는데 우는 거나, 목청이 채 트이지 않아 탁하고 숨도 짧은 걸 보니 아무래도 올봄에 알에서 나온 철부지 꺼병이 같다.

수꿩인 장끼는 검붉게 빛나는 화려한 털로 몸을 감싸고 목에는 새하얀 턱시도를 둘렀으며 짧고 강인해 보이는 두 개의 머리 깃을 세우고 형형한 눈빛을 쏘면서 당당한 가슴팍으로 바람에 맞선다. 암꿩인 까투리는 진회색 바탕에 까맣고 작은 점들을 촘촘하게 박아 넣어 무심한 듯 수수한 때문인지 눈에 잘 띄지 않는다. 우는 소리조차 낮게 캬캬거릴 뿐이다. 그렇다고 만만하게 볼 일은 아니다. 장끼가 짝짓기를 위해 외관을 화려하게 치장했다면 까투리는 알과 새끼 건사에 유리한 보호색으로 진화했을 뿐이다.

예전에는 정말 꿩이 지천으로 많았다. 봄을 지내고 초여름으로 접어들어 산마다 연한 풀들이 넘쳐나고 나무들도 여린 새순을 한창 키울 때면 학교를 파하고 집에 오자마자 소에게 풀을 먹이러 산에 올라야 했다. 소가 풀을 뜯는 동안 무료함을 달래줄 최고 재미있는 일은 한참 알을 품은 후 막 새끼를 치기 시작한 꿩 둥지를 뒤지는 일이었다. 겨우내 꿩이 내려와서 흙 목욕을 했던 흔적이 남아있는 잔솔가지 근처 수풀을 뒤지다가 갑작스레 푸드덕하고 까투리가 날아오르면 가슴이 철렁 내려앉고 다리에 힘이 풀려 그만 그 자리에 주저앉기 일쑤였다. 겨우 정신을 수습해서는 이리저리 수풀과 잔솔 덤불을 헤쳐보면 재수가 좋아야 꿩 알 몇 개를 얻을 수 있을 뿐 빈손인 경우가 허다했다.

꿩은 막상 손질 후에는 생각보다 크기도 작고 먹을 게 별로 없어 보이지만 기름기가 적어 담백하고 특유의 고기 맛이 일품이다. 털을 벗겨낸 꿩은 다져 소금 간을 한 후 한소끔 끓여내고 저장 구덩이에서 꺼낸 무를 넉넉하게 채 썰어서 으깬 마늘과 대파, 고춧가루를 넣고 달큼하고 진한 조선간장을 넣어 지져야 본연의 꿩 맛을 버리지 않고 제대로 먹을 수 있다. 닭, 오리, 꿩 뭐든 재료만 다를 뿐 같은 양념으로 만들어주는 요즘 식당 요리와는 비교할 수가 없다. 이제는 꿩을 잡을 수도 없지만, 꿩을 잡는다 해도 착착 감기는 칼 도마소리와 무채와 함께 익어가는 꿩 지짐이 냄새를 맡을 수도 없는, 이제는 안 계신 어머니의 레시피기에 더 그립다.

까마중

별 모양 작은 입에 숨겼다가
노오란 꽃방망이를 드러내 활짝 웃는
하지 감자를 캘 때도
하얀 꽃부스러기를 바닥에 깔고
초록 망울들을 성기게 매단
덜 익은 포기를 앞에 두고
호미질을 멈칫멈칫 주저했다.
뒷집 계집아이가 시도 때도 없이 찾아와
짧은 치마를 걷고 볼일을 보는 이유도
잿대기 앞 뭣등에서 양은 도시락을 내어
보리 밥알 묻은 하지 감자를 건네는 이유도
알아채지 못했다.
새카맣게 매달렸던 까마중이
줄기만 남기고
뒷집 두엄 퇴무지에 팽개쳐있고
뒷집 아이는 한동안
이빨을 까맣게 하고 돌아다녔다.

슬기로운 호박 활용법

흔히 호박은 못생겼다고 구박받고 호박꽃은 못생김의 대명사이다. 하지만 호박꽃은 정말 예쁘고 쓰임도 많다. 고추밭 불청객 중 하나인 개구리를 낚기 위한 미끼로도 그만이다. 노란 꽃을 따서 낚싯바늘에 끼워 개구리 눈앞에서 얼쩡거리면 긴 혀를 날름하며 호박꽃을 채간다. 닭에게 줄 개구리 한 마리가 잡힌 것이다.

호박이 제대로 자라기 시작하면 순을 쳐주는데 이 순과 잎은 쌈으로 제격이다. 잘 익은 된장을 한 주걱 퍼서 양파, 대파, 마늘을 넣고 풋고추도 숭덩숭덩 썰어 빡빡한 강된장을 쪄서는 반쯤 식힌 미지근한 밥을 양 볼이 터지도록 한입 가득 먹어야 제맛이다.

호박이 맺히고부터는 바쁘다. 애호박들은 아침저녁이 다를 정도로 정말 빠르게 자란다. 애호박은 새우젓을 조금 넣고 볶아 먹는 게 내 입맛엔 가장 맛있다. 동그랗게 혹은 반달 모양으로 납작하게 썰어 소금에 잠시 절였다가 달걀물로 샤워시켜 튀김가루에서 굴린 후 노릇하게 전을 부쳐도 마냥 먹을 수 있고 가늘게 채를 썰어 부침개로 부쳐도 좋다. 부침개를 부칠 때 홍고추와 깻잎을 썰어 넣으면 일품이다. 호박 구덩이를 서너 개만 해도 여름내 따

먹고도, 가을이면 어디에 있었는지 늙은 호박들이 모습을 보인다. 주황색으로 잘 익은 늙은 호박을 골라 켜서는 씨는 빼서 씻어 내년에 심을 종자로 남겨두고 가장 먼저 새우젓국을 한다. 늙은 호박이 살짝 풀어져 국물은 노랗게 되고 새우젓의 짭조름하면서도 약간은 비릿한 바다 내음과 호박의 달큰구수함이 안에 퍼진다. 여기에 마늘, 대파 향 그리고 훅하고 들어오는 청양고추의 매운 향이 맛의 즐거움을 더한다.

늙은 호박을 이용한 어머니의 대표 음식은 풀떼기였다. 늙은 호박과 찹쌀가루, 삶은 통팥을 작은 떡시루에 켜켜이 재서는 양은 솥에 쪄낸 엄마표 간식은 세상 그 어떤 떡보다 최고였다.

옥수수와 초보 농사꾼

지난주 밑동을 바짝 잘라준 옥수수는 좀 더 마르면 밭 한쪽에 쌓아 두고 겨울에 군불 거리로 써야겠다. 옥수수 대를 자르던 날 퇴근을 해 집에 도착하니 아내가 끝물 옥수수를 평상 위에 벌여 놓고 씨름을 하고 있었다. 식구들이 옥수수를 잘 먹어서 꽤 많은 모종을 심었는데 산 밑 밭이라 그런지 채 익기가 무섭게 까치며 어치 등이 쪼아 즙이 줄줄 흐르도록 시식을 하고 결국 절반 정도는 벌레와 개미들 차지가 되었다.

몇 개 남지 않은 옥수수자루를 까고 있는데 제법 실한 녀석을 벗기니 손주 딸 앞니처럼 하얗고 가지런한 옥수수 틈에서 손톱보다 작은 뭔가가 꼼지락거리고 있었다. 옥수수 벌레였다. 통통하게 살이 오른 게 얄미워서 그냥 손가락으로 문질러 생을 끝내줄까 생각했는데, 내가 쳐다보고 있는지도, 심지어 곧 죽을지도 모르고 작은 옥수수 알맹이 안에 몸을 웅크린 채 열심히 먹어대는 모습을 보니 '그래, 너도 이 순간에 최선을 다하고 있는구나.' 하는 생각이 들었다. 결국 옥수수자루를 반동강 내서 벌레와 함께 밭으로 던졌다. 나를 보고 아내는 고작 몇 개 거들면서 후딱 끝내려고 꾀를 부리냐며 핀잔을 주었다.

벌레 밥

텃밭이 수풀 근처라 해마다 김장을 부치고는 벌레와 전쟁 아닌 전쟁을 하는 게 여간 힘든 게 아니다. 올해는 큰맘 먹고 한랭사를 씌워 벌레의 접근을 아예 원천 봉쇄하다가 무청이 한랭사 터널을 찢고 나올 듯 자란 탓에 결국 지난 토요일에 무 판장에 씌웠던 한랭사를 벗겨냈다.

배추 판장에서는 몇 개가 남고 무 판장에서는 몇 개가 모자라 무 판장 끄트머리에 서너 포기 심었던 배추에서 문제가 났다. 한랭사 때문에 수풀 속에서 입맛만 다시고 애를 태우며 호시탐탐 기회만 엿보던 벌레들에게 몇 포기 배추는 성찬 그 자체였던 것이다. 메뚜기며 방아깨비는 물론 배추 청벌레와 달팽이, 무당벌레 등 온갖 것들이 달라붙고 또 이것들을 사냥 나온 사마귀는 잘 벼린 낫처럼 생긴 앞발을 기세등등하게 휘두르며 밭 주인에게 위세를 떨어댔다. 어쨌든 애초에 무를 심은 판장이니 인심이나 쓰자는 심산으로 내버려 두기로 했는데도 들여다볼 때마다 부아가 치밀어 눈에 띄는 대로 벌레를 잡아 풀숲에 팽개쳤다. 사실 다 먹어버린다고 해도 고작 배추 몇 포기인데 까치밥도 아닌 벌레 밥에 인색한 내가 너무 옹졸한가도 싶기도 하다.

가을이 주는 맛

칠칠치 못한 누군가 가을을 여기저기 흘리고 다닌 모양이다. 밤송이는 길어진 밤을 지새우고도 하품을 하다 입이 찢어지고 유난히 여명과 석양을 가까이한 감은 말갛고 빨갛게 얼굴을 물들이고 있다. 길옆 포도밭에서는 시큼한 단내가 침샘을 자극하고 신문지 봉투 속에서 터질 듯 빵빵하게 몸집을 키운 배도, 풋기를 진작에 벗고 붉은 착색을 서두르는 사과도 달큼한 냄새를 풍기면서 벌과 잠자리를 꾄다. 마당 한쪽에 비켜 서 있는 대추나무는 실하게 굵은 열매를 주렁주렁 매달고 땅에 끌릴 듯 가지를 숙이고 있다.

퇴근 후 거실에 들어서니 집사람이 뒷산에서 주웠다면서 맨질맨질한 밤톨 대여섯 개를 삶아 내밀었다. 한 개를 통째로 입에 넣고 앞니로 반을 내서 껍질을 까지도 않고 속살만 발라 먹었다. 구수하고 달착지근한 밤 맛이 변함없이 혀끝을 따라 올라오니 시간을 거슬러 많은 기억과 추억들이 생각난다.

가을이면 누구나 부자가 될 수 있다. 과일과 곡식 등 먹거리는 물론, 꽃과 단풍 등 볼거리와 시간의 흐름에 따라 달라진 온갖 냄새까지 맘만 먹으면 언제든 얼마큼이든 눈에, 귀에 코에 그리고 가슴에 쓸어 담을 수 있으니까.

김장 품앗이

집사람이 먼저 일어나 분주하게 집 안팎을 오가며 이것저것을 챙긴다. 쌍화차 한잔을 얻어먹으며 무슨 일이냐 물었더니 오전, 오후에 김장 품앗이를 가야 한다고 한다. 예전보다 김장을 덜 담그는 추세라지만 집집마다 겨울을 앞두고 가장 손이 많이 필요한 큰 일임은 분명하다.

이미 김장을 해서 장독에 넣어 땅에 묻어 둔 우리는 품앗이 할 것이 없지만, 대부분 60대를 훌쩍 넘긴 어르신 틈에서 집사람이 가장 어린 축에 속하며 기운도 좀 쓰고 손도 빨라 여기저기 자주 불려 다닌다. 어제도 딸네 집에 가서 두 손주 녀석들 건사하느라 힘들었을 텐데 안쓰러운 맘이 앞섰다. 아마 김장을 마치면 주인이 챙겨주시는 노란 배춧속과 장아찌, 그리고 김장 두어 포기를 들고 오겠지.

그래서 이맘때면 동네 모든 집 김장 맛을 다 볼 수 있다. 배추와 무라는 기본 재료만 빼면 양념의 종류와 배합 비율은 정말 한 집도 같은 집이 없는지 신기하게도 김장 맛이 전부 다르다.

겨울 입맛

입동이 되면 김장을 하고 구덩이를 파서 무, 감자를 저장하는 등 겨울나기 준비를 마무리해야 한다. 하지만 정작 그날에는 김장을 하지 않았다고 한다. 김장을 마쳤다는 것은 겨울 준비가 다 되었다는 의미이므로 추운 겨울이 더디게 오길 바라는 마음에서라고 한다.

입동 날에는 고사를 지낸다. 봄부터 무더운 여름을 지내고, 바쁜 가을걷이를 마친 후 집안 성주신과 부엌 조왕신竈王神, 뒤란에 모신 터주까리, 심지어 외양간까지 시루팥떡을 올려 치성과 공수를 드린다.

마을 경로잔치를 하는 곳도 많다. 원래는 집집마다 꿩, 닭, 돼지 등 기름진 음식을 마련하여 어른들을 대접하던 '치계미'라는 풍습이다. 추위가 시작되는 가을에서 겨울, 봄까지 노인들이 일을 당하는 경우가 많기 때문에 동네 사또를 모시는 것처럼 극진하게 대접하고 기력을 보하도록 하기 위함이었다. 살림이 어려운 집에서는 논 도랑에서 미꾸라지를 잡아 추어탕을 끓여 대접했는데 이것을 '도랑탕'이라고 불렀다.

화로의 맛

군입거리나 하려고 현미 가래떡 반 말과 조청 두 병을 들였다. 겨울이 되면 화로가 있었으면 참 좋겠다는 생각을 가끔 하게 된다. 석쇠에 올려 생선이나 떡을 굽고 고구마 따위를 묻어 두었다가 먹는 맛이 그리운 것이다. 화로에 부젓가락을 걸쳐 놓고 그 위에 가래떡을 나란히 올린 다음 이리저리 굴리다 겉이 노란색을 띠면서 딱딱해지고 마침내 울퉁불퉁 거무스름하게 탄 듯하게 되면 얼른 꺼내 조청에 푹 찍어 입에 넣는 그 맛은 일품이다.

꽁치나 고등어, 임연수 같은 생선이 밥상 바로 옆에서 구워지고 된장과 김치찌개도 작은 불돌 위에서 데워지는가 하면 무엇보다 노란 양푼에 찬밥과 먹다 남은 총각김치를 와르르 쏟아 넣고 닭장에서 막 낳은 달걀을 꺼내 깨트려 참기름 한 바퀴 두른 김치볶음밥을 형제나 친구들끼리 허겁지겁 퍼먹는 맛은 정말 최고이다.

화로를 찾으면 다시 둥그런 밥상에 옹기종기 모여 삼대가 함께 밥을 먹고 형제, 친구들이 서로 숟가락 싸움을 하면서 양은 냄비 바닥을 긁는 날이 올까?

동지 팥죽

동지는 예로부터 '태양이 죽음으로부터 부활한 날'로 여기고 하늘에 제사를 지내왔다. '동국세시기'에 의하면 동지를 '작은 설'로 쇠었으며 동지 팥죽을 먹고 동지가 지나야 진짜 한 살을 더 먹는다고 여겼다.

동지 팥죽은 시절 음식인 동시에 주술과 신앙적인 의미도 함께 있다. 붉은 팥은 양의 색이면서 음귀를 쫓는 축귀의 의미로 썼으며 팥죽을 끓여서는 대문과 부엌, 장독 등 집안 곳곳과 사당에 놓아 악귀를 내쫓고 천신薦新을 히었다.

팥죽에는 보통 찹쌀로 단자를 만들어 넣는다. 크기와 모양이 마치 새알처럼 생겨 '새알심'이라고 부르는데, 자기 나이만큼 개수를 맞춰 먹는다. 김포에서는 밥알도 넣지만 아래 지방은 팥물에 팥알심 또는 칼국수만 밀어 넣기도 한다.

동짓날이 동짓달 초순에 들면 '애동지' 중순경에 들면 '中동지', 그믐께 들면 '老동지'라 부르며, 애동지에는 팥죽을 쑤지 않고 팥떡을 해 먹는다. 올해는 중동지에 해당된다. 붉은 팥 한 되 불렸다가 뭉근하게 삶아 팥죽 한솥 올려서 가족 건강도 챙기고 액운도 떨어내면서 이웃과 정도 나누면 참 좋을 텐데 코로나가 참 많은 것들을 못 하게 막고 있다.

3

유년기의 사계절

봄이면 먹을 게 지천이지

봄은 그야말로 산과 들 전체가 먹을 것들로 가득 찬, 자연이 차려주는 뷔페라고 해도 과언이 아니다. 눈이 녹기 시작하고 개울둑이 드러나면 바구니를 끼고 나선다. 겨우내 눈 속에 있다가 잎을 키운 작은 봄 냉이가 향을 피운다. 뿌리가 한 뼘도 더 되는 황새냉이라도 캐면 그날은 정말 수지맞은 날이다. 정신없이 냉이를 캐다 보면 달래도 덩달아 따라 나오고 어디에 쑥이 나는지, 싱아는 얼마나 싹을 내밀고 있는지 동네 수변의 온갖 먹거리 지도가 머릿속에 그려지고 날짜별로 해야 할 일들이 차곡차곡 새겨진다.

달래, 냉이를 다 캐면 산으로 가야 한다. 길옆 개울 둑에서 막 물이 오르기 시작한 버들강아지 가지를 잘라서 버들피리를 틀어 분다. 입에 피리를 물고 손나팔을 해서는 응애응애 어린애 울음 같은 피리 소리를 내며 오를라치면 저만치 앞서가시던 할머니께서는 뱀이 나온다고 야단을 치셨다.

골짜기를 따라 산에 오르면 제일 먼저 원추리가 싹을 내밀고 이어서 도라지와 잔대, 삽주가 여린 싹을 밀어 올린다. 으아리도 줄기를 뻗으면서 여린 순들을 어서 꺾어가라는 듯 봄바람 따라 연신 손짓을 한다. 고사리와 고비는 아직 고개를 내밀 기색이 없지만 곧 꺾으러 와야 한다.

그 사이에 들판에서는 싱아가 싹을 밀어 올렸다. 한 뼘이 채 안 되는 여린 놈을 골라 꺾어서 이파리는 전부 떼어 내고 윗동부터 잘근잘근 씹어 먹는다. 처음 초록색 부분에서는 풀 내가 앞서지만, 연분홍색을 띠고 있는 밑동으로 갈수록 상쾌한 시큼함에 입안 가득 침이 고인다. 싱아가 너무 시어질 때면 칡을 캐야 한다. 가급적 칡넝쿨에 새순이 돋기 전에 암칡을 캐야 하는데 수칡이 나올지 암칡이 나올지는 캐보기 전에는 알 수 없다. 근처에서 제일 굵은 줄기를 골라 곡괭이와 삽으로 주변을 깊고 넓게 파서 칡을 캐서는 그 자리에서 얼른 한 토막 잘라 입에 넣는다. 입안 가득 고여오는 칡즙은 떫고 쓰면서도 박하 향처럼 상쾌한 단맛이 입안 가득 휘돌고 내려가 칡을 캐느라 지친 피로를 한꺼번에 날려준다. 넉넉히 캔 칡 덕에 한동안 칡 끓이는 냄새가 집안에 가득하다.

칡을 캐는 시기는 삘기를 뽑는 시기와 겹친다. 지난겨울 쥐불놀이를 하면서 깨끗하게 태운 개울 둑에 어느샌가 파릇파릇하게 풀이 돋고 삘기가 삐죽삐죽 올라오기 시작한다. 언제부터인지는 모르지만, 쥐불놀이로 태운 만큼 삘기를 뽑을 수 있는 우리 구역이라는 사실을 우리 동네는 물론 옆 동네 아이들도 다 알고 있다. 하지만 이건 어디까지나 원칙일 뿐이다. 여름철에 멱을 감기 위한 개울 구역을 양보한다든지 좀 있으면 시작될 뒷산의 '새집 뒤지기' 경계를 바꿔 달라는 식의 홍정이 오간 끝에 구역이 바뀌기도 한다. 삘기가 뭐 대단히 맛있지는 않지만 뽑아 먹지 않아 하얗게 피어버린 걸 보면 괜히 봄에게 미안해지는 기분이었다.

봄이 온갖 들풀과 나무의 새순을 틔우고 만 가지 꽃으로 불을 지르기 시작하면 찔레 순도 꺾고 뭣등 아래 얌전하게 고개 숙인 까치밥도 훑어 먹고 진달래꽃도 따 먹는다. 무릇은 무더기 무더기로 모여서 난다. 꼬챙이를 깊게 찔러 알뿌리를 캐서는 알뿌리와 잎을 분리한 후 잎은 삶아 말리고 알뿌리는 멍석에 말린다. 무릇이 어느 정도 모였다 싶으면 가마솥에 물을 잡고 여린 소나무 가지를 꺾어 겉껍질을 벗기고 속껍질만 남긴 송기를 얼기설기 얹은 위에 삶아 말린 쑥과 무릇 잎, 둥굴레 뿌리와 무릇 알뿌리 등을 버무려 넣고 오랜 시간 약불로 고아낸다. 이렇게 고아진 무릇은 커다란 양동이에 퍼서 식힌 후 조금씩 덜어내서 갈참나무나 떡갈나무 잎에 올리고 콩가루를 뿌려가면서 먹는다. 아린 맛이 남아있는 알뿌리와 향긋한 쑥 냄새와 달큼해진 둥굴레 맛이 어우러져 마치 한약을 먹는 것처럼 금방이라도 건강해질 것 같은 기분이 든다. 무릇을 먹을 때는 뭐니 뭐니 해도 송기가 제일 맛있다. 여린 가지에 남은 속껍질을 푹 고아낸 거라 흐물흐물할 정도로 부드럽고 온갖 맛있는 향이 전부 배어있어, 나중에는 딱딱한 가지를 붙들고 피리를 부는 것처럼 빨고 있게 된다.

늦은 봄부터 초여름까지 제일 설레고 기대되는 것은 막 번식을 시작하는 새의 둥지를 뒤져 새알을 꺼내 오거나 새끼를 훔쳐다

키우는 일이었다. 오목눈이나 딱새처럼 몸집이 작은 새는 둥지를 발견해도 거들떠보지 않고 참나무 가지 끝에 간당간당하게 집을 짓는 꾀꼬리는 자칫 어미 새의 공격을 받으면 나무 꼭대기에서 떨어질 수도 있기에 건드릴 생각조차 하지 않는다. 때문에 기르기 쉽고 사람을 잘 따르는 때까치나 성격이 무던한 멧비둘기 집을 터는 게 제일 좋다. 무엇보다 꿩이나 오리 둥지를 찾아내서 알을 줍거나 꿩 새끼인 꺼병이, 새끼 오리를 몇 마리라도 잡으면 운수 대통한 날이다. 때까치나 멧비둘기 새끼는 솜털이 거의 가셨을 때 새끼를 데려다가 올무 속에서 기르며 작은 새끼 개구리를 잡아 작게 잘라 먹이는 등 지극정성으로 키워서는 제법 날 때가 되면 다시 산으로 날려 보내주곤 했다.

이렇게 산과 들에 먹을게 지천으로 넘쳐나게 되면 논일도 한창 시작되어 모내기를 위해 겨우내 막아 두었던 보의 수문을 열고 물을 빼기 시작한다. 보 아래 있는 논배미마다 물이 돌도록 천천히 빼다 보니 무릎 아래까지 얕게 남을 때까지 거의 일주일이 걸린다. 겨우내 어디서 들었는지 여기저기서 커다란 붕어가 튀어 오르면 온 동네 사람들이 보 안으로 몰려든다. 제일 먼저 잡을 건 우렁이다. 애들 주먹만 한 우렁이가 물속 벼 포기 위에 붙어 있기도 하고 물 가장자리를 천천히 기어 다니기도 한다. 워낙 우렁이가 많아 동네 사람들이 전부 포대의 반 정도 잡는다.

그다음으로는 족대로 붕어와 잉어를 잡는다. 물이 완전히 빠져 논바닥이 드러나면 메기와 장어를 맨손으로 잡아 올린다. 한동안 온 동네에 메기와 장어를 조리거나 붕어와 미꾸라지를 넣고 끓이는 매운탕 냄새가 진동한다.

봄은 이렇게 바쁜 듯 한가한 듯 시나브로 지나간다.

여름, 벌거숭이 내 세상

청보리밭에 이삭이 패고 공중에서 자맥질하던 종다리가 모습을 감추면 얼추 여름이 시작된 것이다. 보리깜부기를 뽑는답시고 불쑥 밭 가운데로 들어가서 그냥 풀썩 누워 버리면 바깥에서는 보이지도 않는다. 새파란 보릿대가 풍기는 싱싱한 풀 냄새와 막 알곡으로 익어가는 이삭의 고소하고 단내가 취한 듯 잠을 부른다.

시골 아이들에게 여름철 가장 중요한 일과는 소에게 풀을 뜯기는 일이다. 아침은 소죽을 쑤어 주지만 점심과 저녁은 대부분 소를 몰아 여린 풀이 많은 내의 둑이나 산으로 가서 직접 풀을 뜯어 먹게 한다. 홀쭉한 배를 펑퍼짐하고 불룩하게 하려면 풀이 많은 데로 쉬지 않고 소를 옮겨 몰아야 하지만, 노는데 정신이 팔린 아이들은 풀이 제법 많은 곳을 찾아 고삐를 길게 묶어 놓고는 딴짓을 하기 일쑤였다.

소가 주변의 풀을 뜯는 동안 아이들은 며칠 전에 싸놓은 쇠똥에 빤간 새 흙이 올라온 데를 파헤쳐 쇠똥구리를 잡아 수놈 이마에 난 뿔 크기를 재면서 서열을 정했다. 쇠똥구리가 싫증 나면 떡갈

나무와 갈참나무 잎을 따서 작은 나뭇가지로 엮어 가면서 모자를 만들거나 손가락 두 개 정도 굵기로 손아귀에 딱 맞는 미끈한 나뭇가지를 잘라 칼이네, 총이네 하며 전쟁놀이를 신나게 했다.

해가 뉘엿해지면 누군가 집에서 가져온 트랜지스터라디오를 틀 시간이었다. 악당 아수라 백작을 물리치기 위해 통쾌한 태권도를 선보이는 마루치 아라치는 항상 기다려지는 어린이 연속극이었고 황금사자기, 대통령금배, 봉황기 등 고교야구는 시골 촌놈들에게 두고두고 잊지 못할 선망의 대상이었다. 라디오를 듣고 어두컴컴해진 산길을 내려오다 상여간 옆을 지날 때면 오싹 소름이 돋았다. 하필 옆에서 꿩이라도 날아오르면 가슴이 덜컹하고 혼비백산해서 그만 주저앉고 말았다.

여름에는 온갖 종류의 벌레와 곤충들이 판을 쳤다. 참죽나무 위에서 하루종일 울어 대는 매미와 쓰르라미, 알록달록하고 금빛 날개를 펄럭이며 저만큼 앞서가는 길앞잡이, 주로 아카시아나무에서 잡을 수 있는 코끼리 벌레도 귀했지만, 무엇보다 참나무 수액을 빨러 모여드는 씩씩이(하늘소)와 집게벌레(사슴벌레)가 최고였다. 씩씩이는 강철같이 튼튼한 한 쌍의 더듬이와 짧지만 강력한 턱과 이빨이 있어 조심해서 다루어야 했다. 또 이빨이 짧고 몸집도 작은 '벙어리', 길고 곧게 뻗은 이빨을 장착하고 몸집이 가장 큰 '가위', 이빨이 농기구처럼 굽은'쇠스랑', 이 세 종류의 집게벌레는 잡기가 여간 어려운 것이 아니라 일단 잡으면 읍내 아이들을 상대로 라면과 바꿔 먹을 정도의 인기였다.

따가운 여름 햇볕은 아이들을 개울로 내몰았다. 올무나 족대를 들고 물고기를 잡기도 했지만, 개울을 막아 멱을 감기 위해서였다. 바닥에 잔모래가 깔려있고 제법 넓으면서 물을 깊게 가둘 수 있는 데를 골라 삽으로 둑을 쌓았다. 어느 정도 물이 고이고 햇볕으로 데워졌다 싶으면 모두 개울 둑에 옷을 벗어 던지고는 알몸으로 멱을 감았다. 대부분은 겨우 무릎 위 정도인 개울에서 땅 짚고 헤엄을 치는 수준이고 나름 수영을 한다고 폼 잡는 친구도 개헤엄 수준이었다.

변덕스러운 여름, 구름이 해를 가리면 일제히 나와서 합창을 했다. "해야, 해야! 나오너라. 김칫국에 밥 말아 먹고 장구치고 나오너라." 쥐방울만 한 녀석들이, 추워서 입술은 새파랗게 질린 채 오돌오돌 떨면서 노래를 부르고 있으면 지나던 어른들이 그만 놀고 집에 가라고 핀잔을 주었다. 낮에 개울을 차지하는 게 사내아이들이라면 어둠이 완전히 내리면 개울 위쪽으로는 동네 아주머니와 누이들의 손에 이끌려 또래 계집아이들까지 물을 맞으러 갔다. 물속에 있기도 했지만 가까이 갈 수도 없어 희끗희끗한 실루엣밖에는 보이지도 않는데도 작은 가슴을 콩닥거리며 논두렁을 기고 굵은 나무 뒤에 숨어서 훔쳐보려다 호랑이 할머니의 호된 소리에 줄행랑을 치곤 겁이 나서 제대로 집에 들어가지도 못했다.

여름밤은 낭만으로 왔다. 장마가 끝나고 구름이 물러나 하늘이 깨끗하게 펴진 날이면 깜깜한 하늘에 은하수부터 온갖 별들이 한꺼번에 나타났다. 물론 모기도 별을 따라 마당을 날아다녔다. 마당 가운데 멍석을 깔고 빙 돌려 젖은 쑥대로 모깃불을 피운 다음 찐 감자가 담긴 양재기를 가운데 둔 채 어른들은 드러누운 아이들을 하나씩 끼고 부채질을 하면서 이야기꽃을 피웠다. 떡 하나 주면 안 잡아먹는다는 해님 달님 이야기, 아기 장수와 녹두 장군 이야기가 할머니 입을 통해 술술 풀어져 나오고, 할머니와 엄마의 처녀 적 얘기며 아랫동네 누가 누구랑 눈이 맞았다는 등의 얘깃거리가 셀 수도 없이 많은 하늘의 별만큼 이어지며 여름밤은 깊어졌다.

여름밤 가장 중요한 이벤트는 서리였다. 원래 촌에서는 서리가 거의 생활화 되어 당하는 쪽에서도 그리 심각하게 문제 삼지 않았다. 너나 할 것 없이 모자라고 배고픈 시절이라 그런지 심각한 손해를 끼치는 경우를 제외하고는 대부분 그러려니 하고 지나가 주었다.

늦은 봄 딸기밭을 더듬는 것을 시작으로 오이, 복숭아, 사과, 배, 포도, 밤 등 먹을 수 있는 모든 것들이 서리의 대상이었고 나중에는 닭과 달걀도 서리를 해서 먹었다. 그러나 서리도 원칙이 있었는데 첫째, 절대 모르는 집 물건은 손대지 않기. 둘째, 서리를 하면서 참외와 수박 줄기나 과수의 가지를 다치게 하지 않기. 셋째, 익지 않은 것은 따지 않고 꼭 필요한 만큼만 서리를 하는 것이었다. 이러하다 보니 서리의 대상은 대개 친구네 또는 가까운 친척, 동네 사람네여서 누구네 과일나무가 언제 익고 맛은 어떤지, 울타리 어디쯤이 허술한지, 개구멍, 닭장 문이 어디인지, 심지어 닭들이 홰에 앉아 있는 순서까지 세세하게 알 수 있어 선택적 서리와 불필요한 흔적 따위는 남기지 않을 수 있었다. 그럼에도 날이 밝으면 대번에 서리를 당한 사실이 들통나 길에서 마주치는 주인들의 "적당히들 해라, 맛은 있더냐?" 등의 말을 듣고는 했다.

풍요로운 가을, 그 쓸쓸한 붉은 노을에 대하여

짧은 여름 방학이 끝나고 집에서는 오이, 참외 등을 넉걷이 하고 김장 부칠 준비를 했다. 텃밭 가장자리에 돌려 심었던 옥수수도 밑동을 밭게 잘라내 대추나무에 기대어 말렸다가 뒤란 울타리를 보수하는 데 쓰기도 하고 정 마땅치 않으면 건넛방과 사랑방 군불 넣을 때 쓰기도 했다.

가을을 재촉하는 비가 조용히 내리고 하루 종일 햇살이 비친 날이면, 저녁나절 쟁기로 깊게 갈아놓은 밭뙈기를 다듬어 판장을 나누고 쇠스랑으로 고르기 시작했다.

무는 골을 켜서 씨를 뿌리고 배추는 손바닥으로 다진 자리에 씨를 얹고 나서 부드러운 흙으로 덮어주었다. 무는 보통 네 종류를 심는데 먼저, 길고 늘씬하게 자라는 왜무이다. 왜무는 주로 짠지로 담가 먹지만 아린 맛이 덜해 학교를 오가면서 아무렇지도 않게 쑥 뽑아 먹는 서리용 단골 주전부리였다. 땅속에 묻히는 하얀 부분은 상대적으로 연하지만 맛이 좀 싱겁고 비려서 대부분 버리고 햇볕을 쏘여 껍질이 파란 부분을 엄지손톱으로 빙빙 돌려 가면서 벗겨내 와삭와삭 씹어 먹었다. 크기는 작지만 단단한 조선

무는 김장할 때 채를 썰어 속 재료로 쓰고 무녀리처럼 자라다 만 작은 것들은 소금물에 무청과 대파, 고추씨와 함께 담가 동치미로 만들면 겨우내 훌륭한 음료수가 되었다. 조랭이떡 모양인 알타리는 무청을 자르지 않고 총각김치로 담갔다. 팽이처럼 생기고 배추 꼬리 맛이 나는 순무는 대부분 배추를 심은 판장 양쪽 끄트머리나 전체 김장밭 가장자리에 돌려 심었다.

초겨울이 되면 김장을 하기 위해 무와 배추를 뽑은 자리에 무와 씨감자를 보관할 구덩이를 팠다. 지름 1미터 남짓 둥근 구덩이를 가슴 깊이까지 오게 파고는 무는 가지런히 세워서 쌓고 감자도 한쪽 구석에 부은 다음 말짱을 구덩이 위에 얼기설기 얹고 그 위에 헌 담요나 이불을 깔고 비닐을 덮어 주었다. 그다음 볏짚을 두툼하게 올리고는 맨 위에는 다시 파낸 흙을 수북하게 쌓으면 저장고가 완성되었다. 겨울 동안 무를 꺼내는 구멍도 만드는데 전체를 덮기 전에 머리만 한 구멍을 내어 짚뭇을 꺾어 마개를 만든 다음 맨 위 덮개를 덮고 흙을 쌓았다. 명절에 나박김치를 하거나 무나물, 뭇국을 끓일 때마다 구멍을 열고 낫이나 꼬챙이로 무를 찍어서 꺼냈다.

배추와 무를 심어 김장을 부치고 나면 본격적으로 벼농사 추수 준비와 밭농사 수확이 되었다. 논배미마다 물도기를 다시 한번 씻어내고 수렁과 웅덩이에 고인 물을 퍼내었다. 이때 논바닥과 웅덩이에 모여 있던 붕어, 베기, 미꾸라지는 덤이었다.

벼 이삭이 패어 고개를 숙이며 벌판이 누렇게 변하기 시작할 때면 참게가 물도기창을 따라 큰물로 내려왔다. 아래쪽 우리 논두렁 가운데 신작로처럼 넓게 터진 물도기창 옆에 팔뚝만 한 나뭇가지로 뼈대를 세우고 이엉을 돌려막아 게막을 지었다. 쑥대 또는 싸릿대로 살을 삼아 가느다란 새끼줄로 엮은 게발을 친 후, 게막에 웅크리고 앉아 군용 후레쉬를 비춰 가면서 기다렸다. 여름내 탈피를 거듭하면서 몸집을 키운 참게가 물도기창을 따라 내려오다가 게발이라는 장애물을 만나 더 앞으로 가지 못하고 기어오르면 냉큼 잡아서 잘래기에 담았다. 매일 밤 수십 명의 사람들이 각자 백 마리 이상씩은 잡았으니 얼마나 많은 참게나 있었는지 짐작이 된다.

햅쌀로 밥을 지어 한 숟가락 크게 떠서는 짭조름하게 맛이 밴 참게장에서 게딱지를 떼어 내 까맣게 윤기 나는 장을 긁어 올려 먹는 맛을 그 누가 알까? 가을철 통통하게 살이 오른 붕어와 메기 미꾸라지를 넣은 매운탕에 참게 서너 마리를 함께 넣어 다디단 물고기살과 고소한 참게살이 입 안에서 파티를 하는 화려한 맛을 과연 누가 기억하고 있을까?

추석을 앞두고는 참깨를 수확했다. 참깨는 다 익으면 꼬투리가 벌어져 깨를 쏟아내기 때문에 완전히 익기 전 맨 아래부터 두어 번째 꼬투리가 벌어진 것들부터 골라 베었다. 이것을 행주치마 위에 조심스레 놓고 비닐이나 천막 같은 걸 넓게 깔고 모아서는 짚으로 한 움큼씩 묶어 세워 말렸다.

이때쯤 밭머리 윗산 밤도 아람이 벌어지기 시작했다. 어머니께서 고단한 노동을 하는 동안 애들은 밤나무에 올라가 가지를 흔들어 밤을 땄다. 바지 주머니에 불룩하게 밤을 따서는 풋밤은 집에 가는 동안에 손톱이 새카매지도록 까먹고 발갛게 아람이 벌어진 것들은 집에 가져가서 작은 독 안에 모았다가 겨울 주전부리나 제사 때 썼다.

감나무는 재산이었다. 장마철이 아니라도 연시가 되기 전에 수시로 떨어지는 감들을 주워다가 물려 먹거나 뜨물에 침을 담가 먹었다. 서리가 내릴 때까지 두었다가 한꺼번에 따서는 곶감을 만들고 월하감은 연시가 될 때까지 두었다가 말갛게 익었을 때 따 먹었다. 입안 가득 고여오는 부드럽고 삼삼한 맛과 오래도록 입안을 맴도는 달큼한 향기는 가을철 최고의 맛이었다.

봄철만큼이나 가을 산도 온통 먹거리 천지였다. 도라지, 잔대, 더덕 같은 뿌리 식물은 물론 밤과 도토리, 머루, 돌배 같은 것이 지천이었다. 그중에서도 도토리는 흔하면서도 돈이 되었기에 상수리, 굴참, 갈참, 졸참, 신갈나무 등 어떤 종류 건 가리지 않고 모았다. 온 가족이, 작게는 바지 주머니 가득, 많게는 두서너 포대씩 모아온 도토리는 물을 한가득 넣은 커다란 장독이나 함지박에 넣었다. 어느 정도 도토리가 모이면 꺼내서 멍석에 펼쳐 말렸다. 겉껍질이 탁탁 소리를 내며 금이 가고 갈라지면 껍질을 까야 했다. 보통은 손으로 까지만 제대로 갈라지지 않은 도토리는 맷돌을 굴려 까거나 장도리 같은 것으로 깨서 까기도 했다. 껍질을 까낸 도토리는 돌절구에 애벌을 빻아 시루에 안치고, 하루에도 몇 차례씩 우물물을 부어 우려내었다. 우려낸 도토리는 방앗간으로 가서 곱게 갈아 왔다. 도토리를 가는 방앗간은 연마기를 고속으로 돌려 도토리가 익거나 너무 곱게 갈리지 않게 해야 했다. 제대로 갈아야 녹말이 제대로 가라앉기 때문이었다. 도토리 가루는 광목 잘래기에 넣고 물을 부어 가며 녹말을 걸러내었다. 마치 술이나 두붓물을 내리는 것과 비슷한 이 과정은 정말 힘들고 고되기 그지없었다.

도토리 찌꺼기는 꼭 짜서 말렸다가 군불에 넣고 도토리물은 크고 작은 고무대야나 양은대야에 적당량으로 나누어 담은 후 하루 두어 차례 침전을 시키고 물을 갈아 넣는데, 이 일을 일주일 정도 반복해야 했다. 뽀얀 녹말과 말간 물이 완전히 분리되면 물은 완전히 따라내고 녹말은 햇볕에 내다 말렸다. 이렇게 만들어 낸 도토리 녹말은 미리 부탁한 친척과 지인들에게 다른 어떤 농작물이나 가공품보다 비싸게 팔려나갔고 오랜만에 목돈을 손에 쥐신 어머니께서는 가을 동안의 힘든 농사를 버텨내셨다.

명절이나 식구의 생일이면 어머니는 종이에 정성껏 싸서 보관하고 있던 녹말가루를 꺼내 묵을 쑤셨다. 녹말과 물의 비율은 언제나 7:1로 잡아 약한 불에서 나무 주걱으로 쉬지 않고 마냥 저었다. 뽀얀 녹말 물이 졸아 끈적이고 죽방울이 풀떡풀떡 올라오면 주걱으로 묵을 떠서 아래로 떨어트려 보았다. 진득하니 엿처럼 주걱에 붙어 천천히 내리면 다 된 것이었다. 그렇게 열심히 저었는데도 눌어붙은 누룽지가 있었다. 누룽지 한 겹을 제외하고 조심스레 펴서는 장독대 위에 올리고 쥐나 고양이 따위의 밤손님을 대비해 장독 뚜껑으로 단단히 지질러 놓았다. 이렇게 하룻밤을 굳힌 묵은 투명할 만큼 깨끗하였고 아무리 얇게 썰어도 잘 끊어지지 않고 낭창낭창했다.

호박은 밭에 심지 않고 터 근처 개울 둑이나 경사진 사면에 듬성듬성 구덩이를 파고 거름을 듬뿍 뿌린 위에 심었다. 여름내 노란 꽃을 따서 개구리 낚시를 하고 애호박을 따서 새우젓에 지져 먹고 국을 끓이고 전을 부쳐 먹어도 가을이면 누렇게 늙은 호박들이 여기저기에서 큰 몸집을 드러내었다. 붉은빛이 돌 만큼 누런 호박을 따서 껍질은 긁어내고 씨와 속을 파낸 다음 가늘게 켜서 말렸다가 호박고지 떡을 하거나 생으로 늙은 호박 새우젓국을 끓여 먹었다. 이유는 모르겠지만 하얗게 꽃이 피는 박은 유독 변소 초가지붕이나 뒤란 흙담 지붕에 올렸다. 덜 여물었을 때는 박속을 긁어 국을 끓여 먹고 다 여물면 톱으로 켜서 쪄 말린 후 바가지로 썼다.

하늘이 높아지는 만큼 가을 해넘이는 짙게 붉어졌다. 어느 해이던가 어머니와 벼를 베러 나섰다가 개울 둑에서 잠이 들었는데, 문득 잠에서 깨어 사방을 둘러보니 주변에는 아무도 없고 어머니마저 보이지 않는데 서쪽 하늘은 구름 사이로 타는 듯 붉게 물들어 가고 있었다. 덜컥 겁이 나 서럽게 울고 있었는데, 원래 시집오시기 전부터 귀를 잘 못 들으시는 어머니가 한걸음에 달려오셔서는 아무 말 없이 그냥 꼭 안아주었다. 젖가슴에서 엄마 냄새가 아닌 땀 냄새와 볏짚에서 떨어진 지푸라기 냄새가 나서 더 서럽게 울었다.

추수가 끝나고 논두렁에 심었던 콩을 뽑아 타작이 끝나면 한 명씩 또는 두 명씩 벼 이삭을 줍는 이들이 잠깐 들판을 서성이다가 인적을 감추었다. 뒤이어 오리, 기러기가 낟알, 메뚜기, 미꾸라지 같이 눈에 보이는 모든 생명체를 주워 먹은 후 북쪽 하늘을 향해 사선 또는 V자로 긴 여운을 남기면서 떠나고 나면 그루 포기에서 올라오는 여린 싹은 오히려 텅 빈 들판과 하늘을 심드렁하게 만들고 야트막한 산과 잔뜩 내려앉은 하늘이 맞닿은 공제선 아래로 시뻘건 불꽃은 사그러져 갔다.

겨울은 개 뛰듯 뛰어야 제맛!

시골 아이들이 겨울 방학이면 해야 할 중요한 일과 중 하나는 건넛방과 사랑방에 군불을 지필 나무를 하는 일이었다. 밥을 하고 쇠죽을 끓이는 부엌 땔감은 아버지와 어머니가 해 오셨지만, 할머니가 주무시는 건넛방과 할아버지와 제가 자는 사랑방에 군불을 지필 땔감은 매일 내가 감당해야 할 몫이었다. 정작 우리는 산도 없던 터라 나무를 하기 위해서는 거의 1km가 넘게 먼 곳까지 가서 솔가리를 긁어 지게에 지고 오거나 재수가 좋으면 남의 손을 타지 않은 소나무밭에서 삭정이를 꺾어 단단하게 묶어 내려오고는 했다.

나무를 하는 일이 주로 늦은 오후 일과였다면 아침 밥상을 물리자마자 해야 하는 일은 삼포 이엉을 엮는 일이었다. 해가 오래 머무는 남쪽을 바라보며 자리를 잡고는 추수 때 쌓아 놓은 짚가리에서 짚뭇을 내렸다. 바람도 막을 겸 한쪽에 높이 쌓고는 전날 밤에 추려서 물까지 먹여 둔 엮음짚으로 이엉을 엮었다. 왼손 팔뚝 위에 짚 한 단을 풀어 올려놓고 오른손으로 한 주먹씩 짚을 떼어 먹이는 식으로 엮었다. 두 다리를 쭉 펴고 엮어진 이엉을 발로 밀다 보면 구불구불 산처럼 쌓였다. 장대를 잘라 만든 한 발 반 남짓한 자를 가지고 여덟 자씩 끊어서 이엉 마람을 만드는데 숙련된 동네 형들은 하루에 20~30 마람을 엮었지만 제 또래 아이들은 10마람 만 엮어도 잘했다는 칭찬을 들을 수 있었다.

농한기여도 바쁘고 할 일이 태산같이 많았지만, 아이들은 틈틈이 놀 시간을 만들어 어울렸다. 자치기도 그중 하나였다. 자치기는 제대로 쳐서 멀리 보내는 것도 중요하지만 몇 자가 될는지 어림짐작을 제대로 하는 일도 중요했다. 덮어 놓고 많이 불렀다가는 실제로 재서 그만큼이 나오지 않으면 애써 따 놓은 자를 한꺼번에 잃게 되었다. 자치기가 싫증이 나면 구슬치기나 딱지치기를 했다. 종이가 귀한 시절이라 웬만한 종이는 주로 푸세식 화장실에 있기 마련이었지만 색깔이 칠해진 도화지나 미술책, 달력 등은 군불 지필 때 불쏘시개로나 썼기 때문에 딱지 접을 재료로는 그만이었다. 나는 주로 상대방 딱지 옆에 왼발을 바짝 대고 옆을 쳐서 바람으로 넘기는 후리기 기술로 재미를 보곤 했다.

머리가 조금 굵어지면서 모험에 가까운 놀이를 했는데, 사냥과 천렵이었다. 가장 쉬운 건 아침저녁으로 새들이 내려앉는 목에다가 새그물을 치거나 한밤에 지게를 가지고 이 집 저 집 초가지붕 처마 밑을 뒤져서 참새를 잡는 것이었다. 뒤란 닭장 안에서 쌀과 벼를 흩뿌려 놓고 커다란 맷방석을 세운 다음, 맷돌 같은 무거운 물건을 지질러 놓고 버팀목을 세워 끈으로 연결하고 안방에서 유리창을 통해 감시하다가 참새들이 맷방석 아래로 들어와서 정신

없이 먹이를 먹을 때 줄을 잡아당겨 잡는 덮치기도 재미있었다. 토끼와 노루 몰이는 한번 따라 나가면 거의 초죽음이 될 만큼 힘들기 때문에 주로 어른들 몫이었지만, 잿빛 토끼의 유난히 새하얀 꼬리털과 노루의 기름진 자태를 보는 것만으로도 무용담이 될 수 있었기 때문에 기를 쓰고 따라나서곤 했다.

또, 활과 누름칙을 만들어 가끔 도회에서 근사하게 차려입고 나타나는 멋진 포수들 흉내를 내기도 했다. 눈먼 꿩이나 비둘기가 있으면 모를까 사냥은 애당초 힘들고 애꿎은 윗집 장닭이 봉변당하기 일쑤였다. 누름칙은 Y자로 생긴 나뭇가지를 잘라 기저귀 끈으로 쓰는 노란 고무줄에 가죽을 대고 작은 돌멩이나 도토리를 총알처럼 쏘는데 재수가 좋은 날은 참새 몇 마리쯤 심심치 않게 잡을 수 있을 정도로 괜찮은 무기였다.

겨울 천렵은 수렁에 얼음을 깨고 진흙을 파내거나 논두렁 밑을 삽으로 파야 했다. 한 삽 뜰 때마다 손가락처럼 굵은 미꾸라지가 추운 외부 기온에 적응하지 못해 움츠렸다. 반 바가지쯤 잡아 개울 한켠에서 큰 돌멩이를 받침 삼아 양은솥을 올리고 각자 집에서 들고 온 고추장과 여러 가지 채소를 넣고 끓이다가 마지막에 국수를 한 봉지를 털어 넣어 두어 국자씩 나누어 먹었다.

가을 추수가 끝나고부터 물을 가둬 놓은 보는 얼음판으로 변했다. 날이 한 짝인 썰매는 소나무를 세로로 켜서 두꺼운 함석이나 안 쓰는 부엌칼을 무디게 갈아 박아 넣고 그 위에 역삼각형 모양의 날렵한 발판을 올려 못으로 고정해서 만들었다. 한 짝 썰매를 탈 때는 꼬챙이를 길게 해서 지치기 때문에 속도가 매우 빠르고 폼도 멋있어서 한 짝 썰매에 구멍을 내고 꼬챙이에 썰매를 꽂아 어깨에 메고 나가면 으스댈 만했다. 두 짝 썰매는 굵은 철사를 나무에 대고 고정시켜 탕태로 쓰고 꼬챙이도 짧기 때문에 주로 여자아이들이나 어린애들이 앉아서 탔다. 얼음이 완전히 얼기 전 썰매를 타면 썰매가 나가는 대로 얼음판이 조금씩 가라앉으며 실금이 가는 소리가 짜작짜작하고 나는데 그때의 스릴은 무엇과도 비할 게 없었다. 물론 까불다 얼음판이 깨져 빠지는 일도 허다했다.

겨울 놀이의 최고는 정월 대보름에 하는 옆 동네와의 불싸움이었다. 내 둑을 누가 얼마나 많이 태우느냐에 따라 동네별 구역이 판가름 났다. 일제히 불을 붙이고 바싹 마른 풀을 뭉쳐 불을 이리저리 옮겼다. 움푹 파였던 개울에는 얼음이 얇게 얼어 무심코 밟았다가는 발목까지 빠지기 일쑤였지만 아랑곳하지 않았다. 죽은 아카시아나무가 타서 불씨가 만들어지고 쑥대와 나무딸깃대가 타면서 터트려 올린 불티가 화려한 불꽃처럼 사방으로 튀었다가 유성우처럼 내려앉는 통에 설빔으로 입은 나이롱 잠바에 구멍이 나서 야단맞을 일만 남았다. 마침내 내 둑 중간에서 마주친 이웃 동네 아이들은 구역을 두고 옥신각신 떠들었다. 어차피 삘기를 뽑을 때, 딸기를 딸 때, 장마가 지고 고기를 잡을 때나 물을 막아 멱을 감을 때마다 결론도 나지 않는 싸움을 한바탕 또 하게 될 터인데도 말이다.

4

삶의 터전, 그 희미한 기억들

터를 기억하다

고정리 410번지.

일곱 살에 경자뫼에서 이사 와서 고등학교를 졸업한 해인 1981년까지 살았던 집터다. 지금은 읍이 된 지 한참인 통진면 고정2리 불당골이 그곳이다. 그때만 해도 50여 호 남짓했던 고정2리는 남정굴이라 불렸다. 그중 불당골은 당숙네 집과 조카뻘되는 종손집을 포함 다섯 가구가 옹기종기 모여 있었다. 불당골에서도 우리 집은 맨 아래 자리했다.

집은 남향으로 터를 잡았는데 사랑방과 외양간, 헛간이 있는 바깥채와 안방과 마루, 건넌방, 부엌이 있는 안채가 각각 기역, 니은 형태로 마주 보는 미음 모양 집이었다. 기역과 니은이 만나는 양쪽 구석은 한쪽은 흙담을 쌓아 작은 헛간을 만들고 한쪽은 샛문을 달아 바깥에 따로 흙벽돌로 쌓아 지은 변소로 가는 통로로 썼다. 대문을 열고 들어서면 오른쪽으로 외양간이 있고 왼쪽에는 사랑방에 군불을 넣는 아궁이가 있었다. 외양간 옆에는 헛간이 있는데 시렁 위에는 키, 크기가 다른 체, 여러 함지박과 그릇이 올려져 있었고 벽에는 도리깨를 비롯한 고무래, 갈퀴, 가래, 쇠스랑

같은 농기구가 비스듬하게 기대어 있었다. 또 한켠에는 돌절구가 있어 명절마다 멥쌀을 빻거나 인절미를 만들기 위해 시루에 찐 찹쌀밥을 돌로 된 공이로 찧기도 했다. 헛간 한쪽에는 작두가 있었는데 볏짚이나 꼴을 베어다가 썰어 여물로 보관했다가 소죽을 쑤었다.

안채와 바깥채 사이 공간인 안마당 한가운데는 우물이 있었다. 그리 깊지 않아 여름 장마철에 건수가 들 때마다 두레박으로 한참을 퍼내야 했다. 오이가 익을 때는 속을 파내고 성냥개비를 가로질러 꽂은 후에 실을 길게 들여 두레박 놀이도 했었다. 안채는 마루를 중심으로 안방과 건넌방이 배치되어 있고 안방 아랫목 쪽에 부엌이 있었다. 건넌방 아궁이는 안마당을 향해 있었는데 툇마루가 높이 있어 마루에서 오르내리며 놀기도 그만이었고 여름에는 마루 틈새로 바람이 솔솔 들어와 낮잠 자기 명당이었다. 마루 밑은 강아지의 차지였다. 가끔 눈치 없이 신발짝을 대문 밖으로 물어다 버려 날벼락을 당하기도 했지만 오랜 시간 식구들과 정을 붙여 온 까닭에 눈치도 빠르고 성질도 수더분해 한참을 같이 살았다.

대문은 물론 방에 있는 모든 문은 여닫이였고 매년 겨울이 오기 전에 문틀을 떼어 내고 창호지를 뜯어낸 후, 풀을 쑤어 창살에 바르고 새 창호지를 붙였다. 문마다 가운데에 깨진 유리로 창을 만들어 밖을 내다볼 수 있게 하는 일도 빠트리지 않았다. 안방 문을 열고 들어서면 아랫목 위에는 벽장이 있었다. 아버지께서 보시는 누렇게 색이 바랜 서류뭉치도 있었고 기름이나 여러 가지 씨앗들도 보관하고 있었지만, 무엇보다 조청과 엿, 떡 같은 주전부리가 있었기에 어떻게 해서든지 기를 쓰고 올라가서 이것저것 뒨장질을 하다가 혼이 나곤 했다.

부엌의 절반은 나뭇광이었다. 솔가리나 참나무 줄기, 소나무 삭정이, 참나무 장작, 볏짚과 참깻대, 들깻대 등 그때그때 다른 땔감을 떨어지지 않게 쌓아 두어야 했다. 아궁이는 세 개였다. 맨 왼쪽은 쇠죽을 쑤거나 메주콩을 삶는 큰 가마솥이, 가운데는 조금 작은 무쇠 밥솥이, 오른쪽은 국을 끓이거나 떡을 할 때 쓰는 양은솥이 걸려있었다. 부엌 바깥쪽 벽에 등을 대고 찬장이 있었고 옆에 난 작은 문은 뒤란으로 나가는 문이었다. 뒤란에는 장독대가 있었고 그 옆으로 닭장이 있었다. 닭장을 돌아가면 앵두나무가 풍성하게 자랐고 앵두나무 그늘 아래는 매년 백합이 탐스럽게 폈다.

샛문을 열고 나가면 집과 바로 붙은 재래식 변소가 있었다. 농사철이 되기 전 겨우내 모은 식구들의 용변을 바가지로 푸고 똥지게로 짊어지고는 감나무 아래 구덩이에도 붓고 감자와 오이 등 채소를 심을 텃밭에도 미리 뿌려 두었다. 변소 지붕은 초가로 올렸는데 가을이면 하얀 박꽃과 솜털이 채 가시지 않은 박이 허벅지처럼 뽀얗게 달빛을 받으며 뒹굴고 있었다.

넓지 않은 터 안에서 낳고 자라고 죽고, 씨를 뿌리고 기르고 먹고 싸서는 그것으로 다시 생산을 하는 일이 오래도록 계속되었다.

농사는 세월 따라

동네 아이들의 놀이터가 되었던 보 안에 얼음이 녹아 매일 찾아오던 청둥오리가 북쪽 하늘로 날아갈 때면 보를 터서 논배미마다 물을 잡았다. 얼었던 논바닥이 물을 받아 찰기를 더하면 겨우내 잘 먹어 잔등에 반지르르하게 윤기가 오른 누렁소에 멍에를 얹고 쟁기를 걸어 논을 갈았다. '어뎌 어뎌' 아버지의 소를 모는 소리가 들리고 새참, 점심, 곁두리 등 5리가 넘는 길을 세 차례나 오가시는 어머니의 모습도 보인다.

모내기 날짜가 잡히면 하루 이틀 전에 다시 흙덩이는 잘게 부수고 논바닥은 평탄하게 골랐다. 모내는 날이면 새벽부터 못자리에 사람들이 옹기종기 가득했다. 모내기 인력은 크게 네 부류였다. 가장 연장자이면서 눈썰미가 좋은 어른들이 못줄을 잡았다. 못줄 앞에 도열해 모를 심는 주력 부대는 청장년층이었다. 어머니와 집안 아주머니, 누나 등은 사람과 소가 먹을 부식을 담당했다. 초등학교 저학년 어린애들은 주로 모잡이를 하는데 모내기의 잔심부름꾼이라 할 수 있다. 고등학생 때는 참과 점심이 나올 때마다 큰 양푼에 밥과 반찬을 한데 비벼서 뚝딱 먹어치우고는 내 둑 너며 개울로 들어가 부족한 니코틴을 보충하기도 했다. 일단 못줄 앞에 서면 나이 고하를 막론하고 어엿한 한 명의 일꾼으로 인정하기에 연기가 모락모락 나는 걸 다 보시고도 어른들 대부분은 모르는 체해 주셨다.

모내기를 마치고 이삼일 간 흙탕물이 가라앉기를 기다렸다가 너무 얕게 심어져 물에 떠서 쉬거나 너무 깊게 심어져 시들시들 죽어가는 것들은 새것으로 보식을 했다. 그래야 모는 적당한 비, 뜨거운 햇빛과 비료, 농약 덕분에 무럭무럭 자랐다. 키도 크고 포기도 벌어져 논에 벼가 가득 찼다 싶으면 김매기를 해야 했다. 비료포대를 들고 들어가 생이가래며 올망대, 지금은 귀한 몸으로 보호를 받는 마름을 뽑고 큰 호미로 바닥을 일일이 뒤집어 주었다.

이렇게 농부의 알뜰한 보살핌과 비료, 농약 덕분에 도열병과 흰빛잎마름병, 벼멸구를 피하고 이겨낸 벼가 이삭에 알이 배이고 팰 기미가 보이면 곧 다가올 추수를 준비했다. 벼보다 모가지 하나만큼 우쭉 올라온 피를 골라 뽑아내고 본격적인 추수가 시작되기 전까지 참새도 쫓아야 했다. 이삭이 깊숙이 고개를 숙이면서 볏잎이 투명한 노란색으로 변하면 벼를 베어야 했다. 아무리 일이 고되어도 낫은 전날 숫돌에 정성스레 갈아 세 자루쯤 준비해서 볏단에 꽂아두고 날이 새기도 전에 낫과 숫돌을 챙겨 논으로 나섰다. 낫질을 가장 빠르게 하는 사람 순으로 시작해야 손이 맞았다. 논에서는 하루 종일 서걱서걱 벼포기 잘리는 소리만 들렸다. 벼 베기가 끝나면 가을 햇살과 바람이 일할 차례였다. 얼마간 날이 좋아 베어 둔 벼가 완전히 마르면 집으로 가져와야 했다. 나중에는 삼륜차 바퀴나 경운기에 벨트를 거는 기계식 탈곡기를 썼지만 웬만한 집에서는 식구끼리 발로 밟아 돌리는 수동식 발틀로 탈곡을 했다.

봄부터 가을까지 농사에 들어간 농약과 비료 등 농협에 갚아야 할 농자재 대금과 영농대출금 등 갚아야 할 돈을 마련하고 당장의 양식을 위해 방앗간으로 보내야 할 몇 가마니를 제외하고는 마당 한 귀퉁이에 짚을 두껍게 깔고 새로 짠 가마니와 밀거적으로 노적가리를 만들었다. 노적가리 위에 이엉을 둘러 빗물이나 눈이 새어들지 않게 단단하게 정리하면 길고 복잡한 추수가 마무리된 것이었다. 그러면 망태기를 들고 너른 들판에 나가 이삭을 주워야 했다.

겨우내 노적가리는 마당 한 귀퉁이에서 눈을 맞고 서 있었다. 밭에 곡식이 자라는 봄부터 가을까지 좁디좁은 닭장에서 가둬 키우다가 가을걷이를 마치기 무섭게 내어 기르는 닭들이 날카로운 입으로 노적가리를 쪼아 구멍을 내면, 오리들이 그 구멍에 넓적한 부리를 박고는 마치 컨베이어 벨트로 벼를 옮기듯이 먹어 치웠다. 발길질에 걷어 채이면서도 금방 또 달라붙었다. 어쨌든 노적가리는 기르는 닭과 오리도 먹고 참새와 쥐도 먹고 양식이 떨어지면 몇 가마니씩 퍼서 찧어다가 먹기 때문에 봄이 오기 전에 전부 헐어졌다.

설날과 대보름

설날에는 아침도 거른 채 어른들을 따라 차례를 지내러 나서야 했다. 나중에는 경운기를 타고 다니기도 했지만 5대 종가인 가마골 방앗간 큰집부터 시작해서 경자뫼, 소창골을 들른 후 불당골 큰댁까지 이십 리가 넘는 길을 오가면서 차례를 모시고 매번 음복까지 하고 나면 점심때가 훌쩍 넘기 일쑤였다. 마지막 차례가 끝나고 안방 아랫목부터 벽 쪽으로 항렬과 나이 등을 고려한 집안 서열에 따라 어른들께서 빙 둘러앉으시면, 머리가 굵은 순으로 서너 명씩 세배를 올렸다. 세배를 올리고 성묘까지 하고 나야 비로소 설날 분위기를 즐기면서 놀 수 있는 짧은 시간이 주어졌다. 설날 당일이 그렇게 지나고 나면 다음 날은 동네 세배를 다녔다. 집성촌이라 거의 모든 집마다 빠트리지 않고 다녀야 했다.

할아버지께서는 연세도 있으시고 항렬도 높아 친척은 물론 이웃 동네에서도 세배를 다녀가는 사람들이 많았다. 삼삼오오 세배를 오시면 어머니께서는 매번 주안상을 내오셨다. 작은 개다리소반에 찌개와 전, 나박김치를 안주로 들고 가시는 어머니 뒤로 막걸리 주전자를 들고 따라갔다. 어머니께서는 정월이면 돼지 등뼈를 푹 고아 육수를 내고 무를 납작하게 썰어 돼지고기와 동태를 같이 넣은 다음 두부를 손가락 두 개 굵기로 길게 썰어 대파와 고춧가루로 양념을 하고 조선간장으로 간을 맞춘 찌개를 한솥 끓여 세배 손님들을 치르셨다. 이 찌개는 초상이 났을 때 손님을 위한 술상에도 빠지지 않고 나갔는데 요즘은 어디서도 찾아볼 수 없어 많이 아쉽고 그리운 맛이다.

집으로 찾아오는 세배객이 뜸해지면 할아버지께서는 어머니가 솜을 넉넉히 두어 직접 지으신 한복 바지저고리와 잿빛 두루마기를 입으시고 중절모를 쓰신 다음 저와 동생을 뒤따르게 하시고는 세배를 나섰다. 세배를 다니면서 절값으로 내어주시는 식혜와 엿조각, 다식, 약과 같은 주전부리를 탐하다 보면 어느새 산 위로 두둥실 커다란 쟁반이 떠올랐다. 정월 대보름에는 나무를 아홉 짐 하고 밥도 아홉 번 먹어야 하는데, 밥은 아궁이에 들어가서 폭죽 터지는 소리를 내며 타는 노간주나무로 해야 하고, 밥을 아홉 번이나 먹기 위해서는 결국 서로 품앗이하듯 이 집 저 집 돌아다니면서 오곡밥과 나물을 먹어야 했다.

어디서 무얼 하든 간에 보름달이 떠오르기 전까지 집에 가야 했다. 그러고는 참빗으로 곱게 빗어 새롭게 쪽을 지은 후 장롱에서 은비녀를 꺼내 꽂고 하얀 치마저고리로 갈아입으신 할머니를 따라 산에 올랐다. 마침내 안산 등허리로 달이 떠오르기 시작하면 할머니는 가지고 올라간 짚뭇을 풀어 양손에 쥐게 하시고는 제 등 뒤에 바짝 붙어서서 불이 붙어 불티가 번져 나가는 짚으로 하늘과 달을 향해 절을 하면서 공수를 기원하셨다. 공수가 끝나면 활활 타오르는 볏짚을 열십자로 가로질러 가면서 나이 숫자만큼 뛰어넘게 하셨다. 이렇게 '다님절'을 해야 일년내 액운이 떨어져 나가고 무탈하다는 믿음을 가지셨던 것이다.

다님절

남보다 먼저 달을 보려면
송가네 산에 올라야 했다.

정화수를 곱게 찍어 바르고
참빗으로 단장한 할머니가 연신 서둘러도
기어이 엿 한가락 더 쥐고서야 문턱을 나섰다.

양손에 짚을 쥐고 달을 향해 꾸벅거리면서도
점점이 터져 오르는 불꽃이 할머니 가슴인 줄 몰랐다.
그저 손에 쥔 누룽지 엿이 녹을세라
그저 설빔으로 한번 입은 나이롱 잠바에 불똥이 튈세라
마음은 벌써 개울 둑 불싸움으로 달려갔다.

다님
다님
우리 대주 마흔다섯

올 한 해 풍년들고 자식새끼 무병하고
남 해코지 않고 억울한 누명 안 받고
깊은 데서건 높은 데서건 목숨 건사 잘하게
다님
다님

장단고저로 흥얼거리는 공수 속에
다 타버린 할머니 가슴만
댓바람에 티끌처럼 날아올랐다.

정월 대보름이 지나고 2월 초하루가 오기 전 할머니와 어머니께서는 식구들이 입던 속옷가지를 하나씩 챙기고 대감 독에서 쌀도 몇 되 퍼서는 새로 장만한 포대에 담아서 머리에 이고 홍수멕이를 다녀오셨다. 홍수멕이란 근방에서 용하기로 이름난 박수무당이나 만신을 찾아가서 일 년 신수를 보고 액땜을 하는 것이었다. 쌀 몇 되와 몇 푼 안 되는 복채만 건네면 온 식구에게 유효기간 1년짜리 맞춤형 부적도 얻어오고 해서는 안 될 주의 사항도 빼곡하게 가져오셨다. 대부분 남에게 해코지하지 마라, 여름에 물 가까이 가지 마라, 말조심, 입단속 잘 해라 등 누구에게나 흔히 생길 수 있고 마땅히 조심해야 할 것들이었다.

할머니도 어머니도 어떤 특별한 종교는 없으셨지만 어느 때 우환이 깃들면 굿과 자리걷이도 했으며 사월 초파일이나 백중에는 절에 가서 부처님께 불공을 드리기도 하셨다. 터줏가리에 댕기를 드릴 때는 늘 새 창호지를 꺼내시고 마루 한쪽 대감 독에 쌀을 한 독이나 두고도 주린 배를 참아내고 봄, 가을 두 차례씩은 꼭 집터는 물론 모든 방마다 차지하고 있는 귀신과 심지어 외양간까지 시루떡과 정화수 바치는 일을 간절한 마음으로 정성스럽게 하셨다. 두어 차례 집을 짓고 부수는 동안 회색으로 퇴색하고 썩어버린 터줏가리는 누구의 손에 의해서인지 모르게 없어졌다. 대감독은 한동안 소금 항아리로 쓰이다가 어느 해인가 감을 딴답시고 휘두른 작대기에 정통으로 맞아 깨졌다. 정화수를 담았던 하얀 사기 주발은 이가 몇 개 빠진 채 한참을 장독대 구석에 자리를 차지하고 있다가 닭장에서 물그릇으로 뒹굴더니 사라지고 말았다.

추석 차례상 차리기와 콩쿠르 대회

차례상은 지역과 집안에 따라 진설하는 방법도 다르고 올리는 음식도 제각각이어서 정답이 없다. 차례상을 차릴 때 어느 방향에 둘 것인가가 처음 맞닥뜨리는 문제인데, 자연 방위와 상관없이 지방이나 신위를 모신 쪽을 북쪽으로 하는 의전 방위를 따르면 된다.

차례상이 자리를 잡고 나면 본격적으로 차례 음식을 진설한다. 북쪽 맨 위 1열은 당연히 지방이나 신위를 모신다. 2열에는 메와 국을 놓고 시저그릇에 수저도 넣어둔다. 3열은 어동육서, 동두서미를 기준으로 적과 전 등을 올린다. 4열은 좌포우혜. 차례상의 맨 끝 열은 홍동백서, 조율이시 등에 따라 과일과 과자 등을 후식으로 차린다. 옥춘 등 사탕과 다식, 약과, 강정 등도 올려 차례상을 꽉 채우면 진설이 마무리된다. 향로와 향, 축문 등을 올릴 작은 상을 차례상 앞에 따로 준비하고 제주와 퇴주를 담을 그릇도 옆에 두고 나면 차례 준비가 끝난다.

요즘은 차례상 차리는 법이나 절차 등이 가족 구성원들의 편리에 맞게 많이 바뀌는 것 같다. 그러나 "형식은 내용을 완성한다"

는 말이 있듯이 무엇을 올리든 절차를 어떻게 하든 뿌리는 제대로 알고 응용을 했으면 좋겠다.

우리 또래가 질풍노도의 시기를 지내던 70년대만 해도 설날이면 집집마다 복조리를 돌리고 추석이면 마을마다 콩쿠르 대회를 열었다. 추석 한 달 전부터 동네 형들이 중심이 되어 마을 공터에 얼기설기 기둥을 세우고 널빤지를 깔아 천막을 둘러친 후, 하얀 광목이나 종이에다 색깔 물감으로 커다랗게 현수막을 써서 내 걸면 그럴듯한 가설무대가 뚝딱 만들어졌다. 행사가 코앞으로 다가오면 제법 머리가 굵은 또래의 아이들은 어설픈 그림과 글씨로 급하게 만든 포스터를 들고 이웃 동네 담벼락과 전봇대에 풀칠을 하러 하루 종일 쏘다녔다.

추석 전날, 초저녁부터 허벅지에 꽉 끼는 나팔바지에 단추를 두어 개쯤 풀어헤친 원색 셔츠로 멋을 낸 형들이 울려대는 일렉트릭 기타와 드럼 소리가 온 동네에 퍼지면 일찌감치 저녁상을 물린 사람들이 삼삼오오 몰려들었다. 마침내 임시로 매단 커다란 백열등에 불이 켜지고 무대와 공터를 비추면 환호성이 올랐다. 마을회관에서 날라 온 철제 책상과 접의자로 만든 심사위원석에는 줄무늬 양복과 맥고모자로 단장한, 오랜만에 외출을 하신 노인회장께서 앉아계시고 그 옆에는 새로 산 하얀 운동화에 초록색 새마을 모자를 단정하게 눌러 쓰신 이장님이 단 아래쪽을 향해 연신 무어라 말씀을 하셨다. 맨 끝에는 그 많은 논밭 농사를 혼자 지으면서도 태평양 같은 오지랖으로 동네일을 도맡아 휘두르는 부녀회장께서 새로 한 파마머리를 매만지며 앉아 있었다.

평소 코미디언보다 더 배꼽 잡게 웃기는 넉살 좋은 아랫말 친구 삼촌의 사회로 콩쿠르 대회 막이 올랐다. 쭈뼛쭈뼛하고 어색한 분위기도 잠시, 얌전한 줄만 알았던 갈래머리 여고생 옆집 누나가 이은하의 '밤차'를 부르면서 연신 엉덩이와 손으로 여기저기 찔러대면 평소 근엄하신 이장님도 의례적인 손사래를 몇 번 치시다가 철 지난 뽕짝을 카랑카랑한 목소리로 뽑아대었다. 옆 마을 사람들도 자신 있게 혹은 계면쩍게 올라가서는 한 자락씩 뽑았다.

한바탕 흥겨운 노래 마당이 마무리되면 청년회장이 무대 주변에 걸어두었던 새끼줄에서 누런 종이봉투들을 뽑아 들고 무대 위에 올라갔다. 행사 찬조 내역을 보고하고 심사위원장의 한가위 덕담이 끝나면 등수 발표와 함께 부상이 주어졌다. 1등 전기밥솥, 2등 라디오, 3등 전기다리미, 기타 등외로 양은솥, 주전자, 냄비가 돌아가고 모두에게는 수건 한 장씩이 주어졌다. 1등의 앙코르 무대가 펼쳐진 후엔 생음악에 맞춰 고고, 디스코, 관광버스 막춤 할 것 없이 한바탕 춤판이 벌어졌다. 이로써 거의 한 달 동안 온 마을을 열정과 흥분으로 달뜨게 했던 추석 한가위 축제는 끝이 났다.

벌초

추석을 며칠 앞두고서야 겨우 벌초를 마쳤다. 산소라야 조부모님을 모신 1기가 달랑 전부인데 뭐가 그리 바빴는지 차일피일 미루게 되었다. 예초기로 빡빡 깎고 갈퀴로 긁어내니 명절 머리를 해드린 것처럼 멀끔해 보이는 게 저승에서도 시원해하실 것 같다.

없는 집이었지만 그래도 장손이라고 나한테는 무척이나 잘해주시던 두 분이셨다. 어려서는 몸도 많이 약해서 더 그러셨던 것 같다. 할아버지께서는 내가 중학교 졸업하던 날에 돌아가셨다. 발인을 하고 상여가 나가는 날 정말 큰 눈송이가 앞이 보이지 않을 정도로 내렸다. 할머니께서는 내가 신병 교육을 마치고 자대 배치를 받아 비무장지대 철책 근무를 시작한 지 얼마 되지 않아 돌아가셨다는 관보를 받았는데 장례식에 나와 보지도 못했다.

몇 년 전까지만 해도 약 30명 정도 일가들이 함께 모여 이른 아침부터 오후까지 이 산 저 산 흩어져 있는 조상들의 산소를 찾아다니면서 이건 누구의 산소이고 자손들은 어떻게 퍼졌으며 너희들과 관계는 각각 어떻다고 설명을 해주곤 했었다. 물론 벌초는 남자들이 하지만 여자들도 점심 자리에 함께해서 인사도 나누고 애들 출가 날짜가 언제로 잡혔다느니 하는 등 안부도 물으면서 모두가 같은 일가라는 동질감을 확인하고 정을 돈독하게 쌓곤 했다. 세월이 흐르며 공부하는 나이에 있는 애들이 하나둘씩 빠지고 점점 나이 든 사람들만 참석하게 되면서 예초기 돌릴 사람마저 모자라게 되어 결국 벌초 전문회사에 대행을 시키고 어르신들 몇 분만 나오시는 형국이 되었다.

이제는 개인이든, 종중이든 산이 있어도 매장 대신 화장을 해서 납골이나 자연장으로 하는 것이 대세라 벌초에 대한 부담도 많이 줄어들었다. 나도 어머니와 동생은 화장으로 모시고 자연장을 택했지만 올해 아흔하나이신 아버지께서 일을 당하시게 되면 조부모님 산소를 정리하고 평퍼짐하게 잔디 공간으로 만들어 가운데 너럭바위나 한 개 받친 가족 자연장지를 만들고 싶다.

달력은 세월 따라

예전에는 국회의원 얼굴이 큼직하게 가운데를 차지하고 일 년 치 달력이 한 장에 다 있는 선거용 포스터 같은 달력이 집집마다 뿌려졌다. 또 농협과 수협, 은행 같은 금융기관에서도 달력을 찍어 뿌렸고 읍내에서 장사 좀 된다 싶은 음식점이나 철물점 등 가게에서도 가게 이름을 박은 달력을 돌렸다. 특히 금은방들은 한결같이 얇은 습자지로 만든 일력을 돌렸는데 그 이유는 지금도 잘 모르겠다.

달력을 받고 나면 으레 식구들의 생일과 제삿날 등 각종 기념일을 찾아 빨갛게 동그라미를 치거나 메모를 해두었다. 어른들은 종자 파종 시기와 같은 일 년 농사계획 등을 적어 두시기도 하는 등 달력은 단순히 날짜를 확인하고 기억하는 용도로만 쓰지 않았다. 요일, 날짜뿐 아니라 간지, 심지어 물때까지 있는 달력은 논밭 농사와 바다 농사를 하는데 요긴한 정보처가 되었고 기제사라도 모시려면 달력을 뒤적거려 월간지와 일간지를 확인해야 축문을 지을 수 있었다. 습자지로 된 일력은 싸구려 봉초를 피우시는 할아버지의 담배 말이용 종이로 쓰이거나 재래식 화장실에 걸려

있었고 인물이나 풍경이 있는 달력은 벽지나 인테리어 소품처럼 사용되기도 했다. 무엇보다 달력은 학기 초 새 교과서를 싸는 용도로 최고였고 겨우내 동네 골목마다 하루도 빠지지 않고 계속되는 딱지치기에서 가장 빛나는 아이템이 되었다. 달력이나 학기가 지나 다 배운 미술책을 찢어 접은 딱지를 당할 자는 어디에도 없었다.

다래끼 팔기

어려서부터 유독 눈에 주접이 많았다. 걸핏하면 팅팅 부을 정도로 '민다래끼'를 달고 다니기 일쑤였다. 다래끼가 다 나을 때까지 며칠간은 가렵기도 하고 제대로 사물을 보기 어려운 점도 문제지만 무엇보다 다른 사람들 보기에 민망한 것이 제일 큰 어려움이었다.

예전에는 다래끼가 생기면 '다래끼 팔이'라고 해서 사람들이 많이 왕래하는 신작로 한복판에 돌을 쌓고 맨 위에 깨진 사금파리를 얹고서 다래끼가 난 눈에서 속눈썹을 뽑아 올려놓고는 침을 뱉어 두었다. 호기심 많은 아이나 세상에 불만이 많은 어른 누군가가 돌멩이를 걷어차게 되면 다래끼가 그 사람에게 옮겨 가고 당사자는 낫게 된다고 믿은 것이다. 그 덕에 다래끼 때문에 경을 칠 일은 없었다.

5

성장기 저편에서

나의 살던 고향은

경자뫼에서 태어나 일곱 살까지 살았다. 워낙 어린 나이라 몇 가지 외엔 기억에 없다. 포도 수확기에 어른들이 엽총까지 들고 당직을 서던 모습, 포도밭 사이에 놓은 참외를 따다가 원두막 아래 쌓아 두고 풀을 베어다가 따가운 햇볕을 막아 놓은 풍경 등이 언뜻언뜻 지나간다. 또, '봄이' 보안에서 우렁이를 잡고 '철다리' 개울에서 멱을 감던 일, 집 근처 둑에서 뚱딴지를 캐 먹고 어른들께 혼나던 일들이 끊어진 흑백 필름처럼 힘겹게 재생된다.

불당골로 이사하는 날, 이삿짐을 가득 실은 우마차 쇠고삐를 쥐신 할아버지께서 앞장을 서셨다. 아버지는 지게로, 할머니와 어머니는 보따리를 하나씩 머리에 이셨다. 누나와 동생은 우마차에 탔지만, 장손인 나는 작은 괴나리봇짐을 하나 지고는 따라 걸었다. 추위와 억울한 서러움으로 크게 울었고 할머니께서는 외투를 벗어 걸쳐 주시며 다독거렸다. 둑에서 삘기를 뽑고 뒷산에 올라 밤을 따고 장구 논과 버디 논에 할아버지를 따라나서는 일도 안녕이다.

불당골에선 고등학교를 졸업하던 해까지 살았다. 사실상 유년과 초중고 학창 시절을 보낸 곳이다. 집은 몇 채 되지 않았지만,

또래 아이들이 많았다. 우리 집이 각각 두 살 터울로 누나와 동생이 있어 셋이고 당숙네는 여섯, 박씨네는 자매가 있었고 성선네도 다섯이었다. 네 집에서 자그마치 열여섯 명이 복작거리면서 함께 자랐으니 재미와 함께 얼마나 많은 사건 사고가 있었을까.

친구야 학교 가자

나이에 상관없이 시골 아이들의 일과는 뻔했다. 고양이 세수로 겨우 눈곱이나 떼고 나면 안방에서 식구들이 둥그런 밥상에 빙 둘러앉아 아침을 먹었다. 할아버지와 할머니께서 아랫목에 앉으시고 아버지와 장손인 나, 누나와 동생이 앉고 나면 자리가 모자랐다. 어머니는 윗목에서 밥상도 없이 따로 앉아 김치 한 종지로 밥을 드시면서도 화로에 올려놓은 찌개와 숭늉을 수발드시느라 얹히고 체하는 일이 많았는데 시큼한 맛이 나는 소다 한 움큼을 항상 후식처럼 드셔서인지 오래도록 속앓이를 하셨다.

아침을 먹고 나면 보리밥과 짠지를 담은 도시락과 책보를 둘러메고 학교로 향했다. 저만큼 학교 쪽문이 보이면 길을 건너자마자 신발짝을 벗어 던졌다. 멀리 날아간 신발이 똑바로 떨어지지 않고 엎어지면 지각으로 여기고 냅다 달음박질을 쳤다. 물론 신발이 어떻게 떨어지든 지각과는 상관이 없었다. 늘 다니는 길이라 시간이 크게 차이 날 일도 없어 대부분 수업 시작 전에 교문을 통과했지만, 집게벌레를 잡느라 산길을 탄다든지 비단벌레나 길앞잡이를 잡느라 간 길을 되짚어 오고 이리저리 헤매다 보면 여지없이 지각이어서 벌로 운동장을 열 바퀴쯤 돌고 교실에 들어갔다.

학교가 파하면 쫄레쫄레 집으로 갔다. 급식으로 받은 빵은 집에 가서 쪄 먹을 요량으로 책보 깊숙이 넣어 두었다. 하굣길은 등굣길보다 할 일이 많았다. 눈여겨 봐두었던 길옆 복숭아밭에 숨어들어가 주먹보다 작은 털복숭아 서리도 해야 했고 참나무 가지 끝에 둥지를 튼 때까치, 꾀꼬리가 알을 몇 개나 낳았는지, 또 빨각다리[3]였던 새끼들의 솜털이 가셨는지도 살펴야 했다.

그때 아이들은 집에 오자마자 가방을 마루에 팽개치고 집안일을 거들어야 했다. 내川 둑이나 산 그늘에 매어져 있는 소를 끌고 풀이 많은 곳을 골라 다니며 풀을 뜯긴다거나 지게를 지고 나가 꼴을 베다가 여물을 썰고 산에 올라가 나무를 해다가 건넌방과 사랑방에 군불을 때는 일은 모두 아이들 몫이었다. 토요일 오후나 일요일, 방학 때는 논밭에 나가 제대로 반 일꾼 몫을 해야 하기도 했다. 초등학교부터 중학교까지 교과서 이외의 책을 거의 본 적이 없다. 참고서는 물론 교양도서조차 구경을 하지 못했다. 때문에 중학교 특활 시간에 자유 교양부에 들어가 학교 도서관에 있던 책들을 닥치는 대로 읽으며 허기진 지식을 채워갔다.

---

3)솜털도 나지 않은 새나 쥐 등 동물의 새끼를 그렇게 불렀다.

군입거리

칡과 삘기, 싱아, 까치밥, 딸기와 뽀루스[4], 오디, 머루, 다래, 어름, 돌배와 산밤 등은 철에 따라 들판과 산에서 따 먹을 수 있는 간식거리이자 배고픔을 잠시 달래주는 요깃거리이다. 그중에서도 딸기는 종류도 많았는데 웬만한 길섶이나 도랑가에서 흔히 볼 수 있는 뱀딸기부터 개울가에 무더기무더기 무리 지어 서식하는 나무딸기, 산기슭이나 밭 근처 덤부사리에서 넝쿨을 뻗으며 매달리는 멍석딸기가 있다. 뱀딸기는 요즘 딸기와 모양은 가장 비슷하지만, 맛은 오히려 밍밍하고 나무딸기는 크기도 작고 가끔 냄새가 지독한 노린재가 자리를 차지하고 있기도 하지만, 따끔거리며 찔러대는 딸기나무 가시를 헤집으면 주머니가 불룩하게 딸 수 있어 배고플 때 많이 따 먹었다. 멍석딸기는 말이 필요 없이 크기도 맛도 향도 최고였다.

불당굴에서 조금만 올라가면 증조할머니와 큰할아버지 산소를 양쪽으로 두고 흐르는 개울이 있었는데 '가재물 둔치'라고 부를 정도로 가재가 많았다. 수북하게 쌓인 낙엽들을 걷어내면 곁으로

---

4) 보리수

는 바싹 메말라 보이던 개울에 축축한 습기가 보이고 돌멩이들을 이리저리 치우면 눈 녹은 찬물이 손바닥만큼 고여있는 물속에서 가재들이 놀라 파닥거리며 재빠르게 뒷걸음질로 도망을 쳤다. 또 개울 양쪽에 손가락 두 개 정도 크기로 나 있는 구멍을 파고 들어가면 크기도 크거니와 꼬리 안쪽에 알을 잔뜩 품고 있는 것들이 많아 이런 가재를 많이 잡는 날이면 정말 수지라도 맞은 기분이었다.

가재를 잡으면 대개 그 자리에서 불을 피우고 구워 먹었지만, 많이 잡는 날에는 집으로 가져와서 된장과 고추장을 풀고 가재탕을 끓여 먹기도 했다. 오도독하고 씹히면서 민물 갑각류 특유의 비릿한 칼슘 냄새가 입안을 휘감고 껍질 안에 있던 부드럽고 연한 속살이 입안을 돌아다니면서 풍부한 감칠맛으로 비린내를 쫓고 달큼한 뒷맛을 남겼다.

구름과자를 탐하다

할아버지는 얇은 습자지로 만든 일력을 뜯어 '학'이라는 봉초를 말아서 피우셨다. 새끼손가락만 하게 담배를 말아 침을 묻혀 붙인 다음 커다란 팔각 통에 든 유엔 성냥으로 불을 붙여 급하게 댓모금 빨면 그만이었다. 할머니께서는 조릿대보다 조금 굵은 때죽으로 만들어진 곰방대에 봉초를 채워 넣으시고는 화로를 뒤적거려 부젓가락으로 불씨를 들어 올려 빼끔담배를 피우셨고 아버지는 청자나 파고다 같은 궐련을 입에 물고는 항공유 냄새가 풍기는 칠이 벗겨진 지포 라이터를 꺼내 불을 붙였다. 어머니께서도 고된 농사일을 마치고 쉬실 때나 급하게 드신 저녁밥이 얹혀 속앓이를 하실 때면 찬장 깊숙한 곳에서 담배 한 개비를 꺼내 변소로 가시곤 했다. 외갓집에서는 외할아버지만 담배를 피우셨는데 '하루방'이라는 파이프 담배의 부드럽고 기름진 오크향 같은 게 매일 아침 은은하게 거실에 깔리곤 했다.

집안 곳곳에 담배가 널려있고 어른들 대부분이 담배를 피운 까닭에 고1부터 본격적으로 돈을 주고 사서 피우기 시작했다. 하굣길에 길바닥에 떨어져 있는 100원짜리 동전 4개를 주워 산 '수정'

한 갑을 동네 다리 밑에 들어가 친구 다섯이서 나눠 피운 것이 30년 넘게 손에서 떠나보내지 못한 담배와의 본격적인 만남이었다. 그렇게 어영부영 배운 담배는 생각보다 위험하지도 나빠 보이지도 않았다. 동네 또는 친구네 농사일을 거들러 가면 으레 아침에 담배 한 갑씩을 받아 챙겼고 저녁에 일이 끝나고 집에 올 때면 얼마간 수고비를 따로 챙겨 받아 담배를 샀다. 그래도 어쩌다 담배가 떨어지면 담배꽁초를 주워서 피기도 했는데, 어쩌다 주운 장초를 여럿이서 한 모금씩 돌려 피우는 맛은 특별했다. 그렇게 담배를 피우면서도 절대 학교 안에서는 피우지 않겠다고 스스로 세운 원칙은 졸업할 때까지 지켰다.

담배는 시험공부를 하며 잠을 쫓을 때도 좋았고 '식후 연초 하면 불로장생이요, 식후 불 연초 하면 삼 초 즉사'라는 우스갯소리와 더불어 화장실 똥담배의 맛도 터득하게 되었다. 이렇게 배운 담배를 아이들과 아내 등쌀에도 꿋꿋하게 버티고 때로는 거짓말까지 하면서 몰래 피우기도 했는데, 어느 날 문득 생각해 보니 그깟 담배 하나 때문에 남편으로서, 아버지로서 체신과 위신이 말이 아니라는 생각이 문득 들어 10년 전 단칼에 끊었다. 금연은 지금까지 살면서 몇 가지 되지 않는 '참 잘한 일' 중 하나다. 정말 담배는 백해무익하다.

술술 넘어가니 술이로다

시골에서 술은 정말 친숙했다. 어른, 아이 할 것 없이 정월 보름이면 귀밝이술을 마셨다. 또 모내기나 추수, 타작 등 일이 있어 동네 어른들이 품앗이라도 오게 되면 아랫말 도씨네 가게나 가마굴 등허리 가게에서 막걸리를 받아 와야 했는데, 약 2km가 넘는 길을 되걸어 오는 동안 야금야금 몇 모금은 뱃속으로 들어가게 마련이었다. 어머니한테는 급하게 뛰어오느라 조금 쏟아졌다고 둘러대곤 했다.

고등학생 때는 친구들끼리 서로 돌아가면서 농사일을 도우러 다녔는데 이때도 술은 필수였다. 막걸리는 물론 소주와 하야비치라는 보드카 등을 고주망태가 되도록 마셨지만, 다음 날 일은 일대로 깔끔하게 해치웠다. 한번은 토요일에 학교를 파하고 친구네 벼베기를 돕고는 밤늦게 집으로 오다가 사거리 가게에서 소주 한 병과 새우깡 한 봉지를 사서 큰 개울 다리에 앉아서 컵도 없이 둘이서 주거니 받거니 병나발을 불고 집에 들어갔다. 마침 주무시지도 않고 기다리시던 아버지는 술 냄새를 풍기면서 들어 온 나를 한참이나 쳐다보시더니 아무 말씀도 없이 방으로 들어가셨다. 맞지도 않은 뺨이 한참을 화끈거렸다.

이런 걸 도대체 왜 시키지?

초등학교 5학년 때 부반장이 되었다. 학급 통솔에 참여하고 학급회의도 주재하면서 나름대로 전체를 이끄는 리더십과 상황에 따라 대처하는 순발력이 있다는 것을 느꼈다.

학급 반장 또는 부반장이 챙겨야 할 일은 많았다. 선생님 말씀을 전달하고 학급 분위기를 만드는 건 기본이었고 이런저런 일들을 선생님 대신 하는 게 참 많았다. 청소 분단 아이들이 청소를 끝내면 검사를 하고 귀가를 시키는 일부터 숙제를 내주고 검사를 하거나 급식용 빵을 나눠 주는 일도 주번과 함께했다. 또 채변 봉투를 모으고 구충제를 나눠 주거나 아이들을 인솔해서 산으로 송충이를 잡으러 가고 쥐약을 나눠준 후 쥐꼬리를 취합해서 통계를 내는 일도 무척 중요한 일이었다.

농사에 필요한 비료와 거름이 부족한 때라 봄이 되면 집집마다 푸세식 변소에 겨우내 얼어서 산처럼 높이 올라온 똥 봉우리가 무너지기를 기다려 똥바가지로 퍼서는 똥지게에 걸머지고 밭에다가 좍좍 뿌렸다. 똥거름을 먹고 자란 감자를 쪄 먹고 상추와 쑥갓을 따서 쌈을 싸 먹고 오이와 호박, 참외와 토마토도 푸세식 화장실에서 퍼 온 거름으로 키웠다. 그러다 보니 기생충이 몸속에서 알을 낳고 그 알이 채소로 가고 다시 몸으로 들어오는 순환 고리가 끊기지 않았다.

일 년에 한 번 따뜻한 볕이 내리기 시작하는 봄이 되면 담임선생님께서는 아이들에게 비닐로 된 속봉투와 학년, 반, 번호 등을 쓸 수 있는 종이봉투를 나눠 주고는 채변 봉투를 월요일 아침에 반드시 가져오라며 안 가져오는 사람은 손바닥을 맞고 청소를 시킨다고 협박을 하셨다. 그럼에도 가져오지 않은 아이들은 수업 전 한꺼번에 우르르 몰려 나가서는 한 명이 대변을 보고 나머지가 나누어 담아서 내는 바람에 검사 결과가 똑같이 나오는 경우도 많았다. 심지어 사람의 변을 구하지 못해 개똥을 담는 아이도 있었는데 어떤 때는 도저히 사람에게서 나올 수 없는 게 검출되었다며 재검을 받기도 했고 어떤 경우에는 정말 아무런 기생충도 없다는 결과가 나오기도 했다. 검사 결과가 나오고 회충, 촌충, 편충, 십이지장충 등 개인별 기생충 감염 사실이 공개적으로 호명되면 차례로 나가서 즉석에서 구충제를 한 움큼씩 받아서 선생님이 보는 앞에서 모두 먹어야 했다. 이렇게 구충제를 복용하고 나면 며칠 동안 결과를 파악해서 선생님께 보고했다. 개인별로 기생충이 몇 마리나 죽어 나왔는지 파악을 하는데 어떤 애들은 걸어 다니는 중에도 거위라 불리는 회충이 항문 밖으로 꿈틀거리며 나오기도 했다.

초여름에 접어들면 보통 4학년 이상 전교생이 참여하는 송충이 잡기가 시작되었다. 깡통에 줄을 달아 들고 나무로 기다란 젓가락을 만들어 학교 뒷산으로 가면 소나무마다 송충이가 새카맣게 달라붙어서 솔잎을 갉아 먹고 있었다. 송충이로 가득 채운 깡통을 가져다가 몇 마리인지 확인을 받고 모아서 한꺼번에 불에 태워 죽였다.

가을 추수가 끝나면 들판에 나가 벼 이삭을 주웠다. 학급별로 경쟁하듯 주워서 한데 모았는데 이렇게 아이들이 모아온 벼 이삭을 어떻게 했는지는 모르겠다. 벼 수확과 타작이 끝나 집집마다 노적가리가 생기고 몇 가마가 헛간에 들어차면 학생들에게 쥐약을 나눠주고 죽은 쥐의 꼬리를 잘라 학교에 내게 했다.

국민학교와 중학교, 고등학교를 가리지 않고 해야 했던 도로변 꽃길 가꾸기, 전국체전이 있을 때마다 국도에 나가 성화 봉송하는 주자들에게 태극기를 흔들며 박수 치기, 북한의 도발이 있거나 남북 관계가 조금만 이상해도, 어쩌면 국내 정치 상황에 필요했을지 모를 각종 궐기대회와 규탄대회 참석도 부지기수로 많았다. 그 외에도 꽃씨 따오기, 뗏장 가져오기, 풀 베 오기, 모내기 일손 돕기 등등. 아 진짜 이런 걸 왜 시켰는지 모르겠다.

청군 만세! 백군 만세!

'청군 이겨라! 백군 이겨라! 이 세상에 백군 없으면 무슨 재미로~ 해가 떠도 백군! 달이 떠도 백군! 백군이 최고야~ 아냐! 아냐! 청군이 최고야~'

운동장 한쪽, 커다란 느티나무와 굵은 등나무가 구렁이처럼 똬리를 틀고 올라가 그늘을 만든 공터에 전교생이 각각 파란 모자와 하얀 모자를 나누어 쓰고 참새들처럼 일제히 작은 입을 벌리면서 목이 쉬도록 구호를 제창하고 노래를 불러 제꼈다. 트랙에서는 저학년의 학년별 달리기 경주가 진행되고 운동장 한가운데서는 고학년 여학생들의 부채춤이 민요 가락에 맞춰 한 폭의 그림처럼 지나가고 있다. 간밤에 어머니께서 손수 만들어 주신 덧신을 신고 걷는 걸음이 가볍기만 했다. 하늘에는 유엔기를 비롯한 만국기가 선들거리는 가을바람에 나부꼈다.

운동회 프로그램은 대개 개인경기와 단체경기, 그리고 내빈과 학부모들의 볼거리를 위한 마스게임 등으로 구성되었다. 개인경기는 학년별 달리기인데 저학년은 맨손으로 달리지만 고학년은 과제를 수행해야 하는 경우가 많았다. 손님들 틈에서 가족을 찾거나 선생님 또는 특정한 복장을 한 사람을 찾아 함께 결승선까지 뛰어야 하는 '손님 찾기'도 있었고 사다리를 빠져나와 새끼를 얼기설기 엮은 그물과 긴 통로를 빠져나와야 하는 장애물 달리기도 빠지지 않았다.

단체경기 중 가장 기다려지는 것은 1학년 막내들의 '박 터트리기'였다. 아이들의 팔매질이 약해 바구니에 잘 닿지 못하면 바구니를 매단 장대를 잡고 있던 사람이 친절하게도 슬쩍 내려주기도 했다. 작고 힘없는 오재미지만 수없이 얻어맞은 바구니가 벌어지기 시작하면 응원석의 함성이 더 커졌다. 마침내 바구니가 쫙 벌어지면 화려한 빛깔의 오색 종이조각과 종이테이프가 함께 쏟아져 내리며 '점심 드세요'라고 적힌 두루마리가 펼쳐져 나왔다.

운동회는 단순한 학생들만의 체육행사가 아닌 지역사회와 학교의 커뮤니티 공간이고 소통 광장이었으며 학부모들의 학교에 대한 관심과 애정을 알아보는 척도이기도 했다. 운동회 중간중간에 학부모 대표들과 선생님들의 시합도 있었고 노인들의 공굴리기, 엄마 아빠의 달리기도 있었다. 몸이 약해 달리기 등수에 들지 못하던 나와는 달리 어머니께서는 뛰기만 하면 항상 1등을 하셔서 쟁반이나 양은대야, 밥솥 같은 것을 부상으로 타오셨다. 대개 집집마다 적어도 두세 명, 많으면 네댓 명의 아이가 학교에 다니기 때문에 부모님은 물론 조부모님, 삼촌, 고모 할 것 없이 운동회만큼은 열 일을 제쳐두고 모두 구경을 오셨다. 점심밥도 가장 맛있는 반찬들을 전부 맛볼 수 있는 그야말로 진수성찬으로 차려지고

찐계란과 밤, 감, 사과, 배 등 제철 과일도 넉넉하게 싸 오셨다. 하지만 아이들의 관심은 딴 데 있었으니 수많은 상인들이 끌고 나와 운동장 한가운데 진을 치고 있는 좌판 속 군것질과 장난감이었다. 아이들이 난전 앞에서 이리저리 쏠리고 있는 동안 어른들끼리는 좋은 음식을 안주 삼아 막걸리잔을 돌리고 지나가는 선생님들도 여기저기 학부모들에게 붙들려 음식과 술을 대접받았다.

오후가 되면 본격적으로 청군과 백군의 점수 경쟁이 벌어졌다. 단체경기의 백미는 뭐니 뭐니 해도 '태극기 꽂기'와 '기마전'이었다. 태극기 꽂기는 주로 5학년 남자들이 했다. 출발선에서 한 명씩 차례대로 교단을 타고 넘어 태극기를 꽂고 와서 다음 사람과 터치를 하는 릴레이로 승부를 가리는데 서로 먼저 교단을 올라가기 위해 앞사람을 끌어 내리다가 바지가 벗겨져 손님들은 웃고 아이는 우는 소동이 벌어지기도 했다. 기마전은 6학년 남자들의 차지였다. 대장이 타는 말은 덩치가 크고 힘도 센 친구들이 만들고 대장 또한 청군과 백군에서 쌈을 젤 잘하는, 요즘 같으면 짱이 했다. 4학년의 곤봉체조도 멋있고 5학년의 기계체조도 뙤약볕 연습은 힘들었지만 많은 박수를 받았다.

운동회의 대미는 전 학년 계주로 마무리되었다. 삼삼칠 박수와 기차 박수를 유도하며 웃음을 자아내게 하는 응원 단장의 몸짓과 열띤 응원가 속, 평소에는 그렇게 잘 달리던 친구가 넘어지기도 하고 바통을 이어주다가 떨어뜨리는 바람에 엎치락뒤치락 몇 번을 바뀌다가 마침내 청군이든 백군이든 먼저 결승선을 끊고 들어

오면 이긴 쪽은 함성과 환호가 하늘 끝까지 올라가고 진 쪽은 한숨과 탄식으로 땅이 꺼졌다.

경기가 마무리되면 아이들은 다시 운동장 가운데 정렬을 하고 모두가 숨을 죽인 가운데 성적이 발표되었다. 이긴 쪽은 함성을 지르면서 만세 삼창을 하고 진 편은 손바닥이 아프도록 박수를 치며 다음 해에는 복수를 다짐했다. 어른들이 돌아간 텅 빈 운동장을 청소하고 나면 가을 햇볕에 타서 벌개진 얼굴로 삼삼오오 떼를 지어 어둑해진 논길과 개울을 건너며 집으로 향했다. 어디서 날아왔는지 만국기 조각이 발목 복숭아뼈 깊이로 흐르는 개울에 엎디어 있었다.

교복과 교련

초등학교를 마치고 중학교에 올라가면서 가장 눈에 띄게 달라지는 것 중 하나는 교복이었다. 밑단 폭이 7인치 반인 검정 바지는 칼같이 다려서 입는데 맞춤 교복은 앞쪽에 가로로 달려있어야 엄지손가락은 혁대 버클을 감싸고 나머지 손가락들은 주먹을 반쯤만 넣은 채 짝다리를 짚고 건들거리면 똥폼이 제대로였다.

중학교 교복이 멋있긴 하지만 몸 자체가 덜 자라 그런지 어딘가 2%쯤 부족해 보이기 마련이었다. 하지만 고등학교 교복은 180도 바뀌었다. 하복은 푸르딩딩한 색에서 뽀얀 하얀색으로 바뀌고 원단도 훨씬 고급스러워졌으며 대부분 기성복이 아닌 맞춤옷으로 장만을 해서 허리를 파내고 허벅지는 꽉 끼게 하면서 바지 밑단 폭은 11인치로 넓게 하여 마치 유행가 가사처럼 온 동네를 쓸고 다녔다. 윗옷 단추도 같은 노란색이지만 가운데 중中 자 대신에 높을 고高 자가 새겨져 한결 도드라져 보였다.

고3쯤 되면 모자는 안창을 뜯어내서 가방에 처박아 두고 교무실에 들어갈 때나 마지못해 삐딱하게 걸쳐 썼다. 가방은 책이나 공책이 별로 없이 홀쭉해서 옆구리에 끼고 다니고 운동화도 끈을 빼버리고 뒤축을 꺾어 슬리퍼처럼 질질 끌어 신었다. 당연히 호크는 채우지 않았고 윗단추도 두 개 정도는 풀어 주어 제대로 된 똥폼을 완성했다.

무엇보다 고등학생이 되면 누구나 학도호국단원이 되어 교련 과목을 배워야 했기에 교련복이 따로 있었다. 교련복에는 바지와 윗옷 외에도 갖추어야 할 것들이 있었는데 목에는 스카프, 허리에는 버클이 큰 넓은 허리띠, 발목에는 각반을 맸다. 중대장과 참모, 대대장, 연대장 등 간부는 하얀색 엑스반도를 착용하고 특히 지휘자인 대대장이나 연대장은 칼을 차고 구령을 했다.

교련 시간에 배우는 것은 군 기본 훈련과 크게 다르지 않아서 제식훈련과 총검술, 각개전투, 총기 분해결합 등이었는데 사실은 이러한 것을 숙달하기 위한 얼차려와 빵빵이에 더 많은 시간을 써야 했다.

소풍도 행군 대형으로 가고 한 달이 멀다 않고 열리는 각종 웅변대회나 결의대회, 규탄대회 때마다 얼룩얼룩한 교련복을 입고 좁은 하성 바닥을 헤집고 다녔다. 밴드부와 선도부 선배들한테 불려가서는 '줄빳다'를 맞아 허벅지에 핏물이 잡히고 아침마다 선도부 선배들과 눈이라도 마주칠까 '멸공'이라는 구호를 크게 붙이고 거수경례를 하면서 도망치듯 교문을 벗어나야 했다. 선생님들보다 더 무서웠던 선배들. 이제 와 생각하면 겨우 한두 살 차이였는데…

병아리처럼 줄지어 소풍 가자

국민학교 때는 '소풍'이라는 말보다 '원족遠足'이라고 했던 것 같다. 소풍은 발이 멀리 가는 것이 맞는 말이다. 소풍 날짜가 정해지면 그날부터 마음이 들뜨기 시작했다. 소풍이라고 특별히 새 옷을 사주시지는 않았지만 입던 옷 중에서 제일 맘에 드는 걸 골라 어머니께 빨아 달라고 부탁드렸다. 소풍 날 아침엔 유난히 일찍 잠에서 깨었다. 각각 두 살 터울의 누나와 동생까지 셋이서 소풍을 가니 항상 할머니와 어머니께서 소풍 장소까지 점심 도시락을 들고 오셔서 함께 먹었다. 다른 친구들도 대부분 한두 명씩 가족이 점심을 싸 왔다. 고기반찬도 많지만 아무래도 소풍날 점심 주인공은 김밥이었다. 어머니는 밥을 고슬고슬하게 해서 한 뜸 식히고 소금 밑간을 한 후 들기름과 참깨를 골고루 섞어 김 위에 적당량을 폈다. 시금치는 데쳐서 밑간만 하고 집에서 담근 짠지를 얇게 썰었다. 달걀도 흰자와 노른자를 각각 분리해서 지단을 만들고 분홍 소시지도 길게 썰었다. 한참을 걸어오느라 꺼진 배를 채우기 위해 어머니표 김밥을 허겁지겁 먹고는 용돈으로 산 사이다 한 모금을 꿀떡 넘겼다.

점심을 든든히 먹고 나면 이동 상점을 둘러보았다. 솜사탕을 한 개 뽑아 들고 미루꾸, 쫀득이, 라면땅, 뽀빠이, 자야 같은 사탕, 과자도 맘껏 사 먹을 수 있었다. 군것질도 군것질이지만 평소 갖고 싶었던 왕구슬과 별딱지, 날렵하고 단단한 철제 누름칙, 화약 딱총 같은 걸 장만하는 기쁨이 훨씬 컸다.

점심과 쇼핑이 끝나면 가족과 장사꾼들은 대부분 떠나고 오락 시간이었다. 전교생이 한자리에 모여 장기를 겨루는 전체 오락이 재밋거리였다. 맑고 청아한 목소리로 동요를 부르는 아이, 제대로 된 꺾기와 율동까지 하면서 유행가를 멋들어지게 불러 젖히는 아이, 또 다른 누군가는 만담으로 아이들의 배꼽을 빼고 어떤 아이는 강제로 지목된 듯 멀뚱하게 서 있다가 아무것도 못 하고 얼굴을 붉히며 도망치듯 들어갔다.

전체 오락이 끝나면 소풍의 클라이맥스, '보물찾기'가 시작되었다. 눈치가 빠른 애들은 오락을 구경하는 틈틈이 슬그머니 자리를 떠서 아이들 뒤쪽을 왔다갔다 하시는 선생님의 동선이나 모습을 놓치지 않고 곁눈질로 확인하고 기억해 두었다. 보물찾기를 알리는 신호가 떨어지면 아이들은 일제히 함성을 지르면서 사방으로 흩어졌다. 돌멩이를 뒤집는 아이, 집게벌레가 사는 곳에 손가락을 넣어 보는 아이, 소나무 껍질 틈을 펼쳐 찾는 아이, 손이 미처 닿지 않는 굴참나무 이파리 위를 흔드는 아이, 심지어 지나가는 선생님 주머니를 뒤지는 아이도 있었다. 보물을 찾은 아이들은 신나게 선생님을 찾아가 공책이나 크레용 등 학용품으로 바꿔 들고는 삼삼오오 짝을 지어 깨금발과 짝짝이 발을 구르면서 집으로 갔다.

서암국민학교의 소풍지는 도고머리 외에도 남정굴에 있는 오래된 묏등, 검바위 약수터 윗쪽 높은 자리 소나무 숲, 하성 원통 약수터, 문수산 등이었다. 사실 학교에서 걸어서 갈 수 있는 곳이 한정적이다 보니 매번 거기가 거기이긴 했지만 누가 뭐래도 봄, 가을로 가는 소풍길은 며칠을 들뜨게 하는 신열과도 같은 설렘이었다.

수학여행! 국어여행, 영어여행은?

소풍은 당일치기였지만 수학여행은 잠을 자고 오는 것이라 더욱 특별했다. 수학여행은 당시로는 꽤 큰 돈이 들었기 때문에 가정 형편이 어려워 가지 못하는 친구들도 여럿 있었는데, 이 친구들은 학교에 나와 수업을 해야 했다. 함께 가지 못하는 것도 서러운데 너무한 일이었다.

고2 수학여행 장소는 설악산이었다. 전세 버스가 교문을 나서기 무섭게 노래가 시작되었다. 그때 한창 유행하던 혜은이의 뛰뛰빵빵을 시작으로 나 어떡해, 그대로 그렇게, 제3한강교, 밤차 등을 목이 터져라 불렀다.

그렇게 노래를 부르다가 몰래 가져온 야전을 틀어 놓고 통로에서 춤을 추다 보면 어느새 숙소에 도착했다. 중학교 때도 그렇지만 고등학교 때도 수학여행 복장은 교복이었고 산행 등을 위한 체육복 정도만 공식적으로 허용되었지만 선배들을 통해 사복을 입어도 크게 혼나지 않는다는 것을 미리 알고 있던 많은 친구들은 각자 예쁘고 멋진 옷으로 갈아입었다.

노래와 춤, 당시 유행하던 디스코 리듬에 맞는 국내 가요와 팝송이 고막을 찢고 디스코, 말춤, 토끼춤, 어설픈 고고까지. 그동안 잘 모르던 친구들의 끼와 재능이 한 시간 넘게 발산된 후 제발 방에 가서 일찍 자라는 선생님들의 간곡한 당부를 흘려들으며 방으로 우르르 올라갔다. 선생님들은 학생들을 방안에 가둬 두는 게 지상 최대의 임무인 양 복도를 계속 왔다 갔다 하며 감시했다. 하지만 우리는 창문을 통해 커튼을 붙잡고 아래층에 있는 여학생들 방으로 작전에 투입된 용사처럼 기어들어갔다. 누군가 야전을 틀자 'Oneway ticket', 'Wanted', 'Rivres of Babylon' 같은 댄스 팝송이 흘러나왔고 너나 할 것도, 누가 먼저랄 것도 없이 모두 일어나 흔들기 시작했다. 좁은 방안은 금방 디스코장을 방불케 하는 열기로 가득 찼다.

남녀공학인 학교에서는 서로를 이성으로 생각하기가 더 어려운 것 같다. 처음에는 서로 얼굴도 제대로 쳐다보지 못했고 점심때가 되면 남학생들은 옥상으로 올라가서 도시락을 먹을 정도였다. 하지만 한 달 정도 지나자 같은 교실에서 먹기 시작하더니 여름이 되기 전에는 남학생, 여학생 할 것 없이 빙 둘러앉아 서로 밥과 반찬을 나눠도 먹고 뺏어도 먹는 사이가 되었다. 심지어 남자 친구들은 여학생이 있건 없건 윗옷을 훌렁훌렁 벗어 던지고 여자애들도 "눈 감아"라는 한마디를 던지고는 치마를 바지로, 바지를 치마로 갈아입는 정도는 별일 아닌 듯했다. 또, 서로 남의 도시락을 미리 까먹고 여학생의 빈 도시락에 작은 개구리를 넣어두거나 남학생 도시락에는 '엄마, 장가보내줘요.' 같은 메모지를 넣는 짓궂은 장난을 하기도 했다.

수학여행을 마치고 돌아오면 며칠 간은 후일담과 함께 사진관에서 사진이 언제 오는가 하는 것이 초미의 관심이었다. 잘 나온 사진이 있으면 탄성을 지르고 못 나온 사진에는 한숨을 쉬면서 사진을 보고 또 들여다보며 여행의 여운을 즐겼다.

무전여행 정도는 가줘야지

고2 때 상과 친구들을 중심으로 '모나미 클럽'이라는 모임을 만들었다. 순수하게 우의를 다지고 학교생활을 열심히 한다는 취지의 정관도 만들고 심지어 배지도 도안해서 만들어 달고 다녔다. '모나미 클럽' 회원들과 고2와 고3 여름방학 때 각각 대천과 만리포 해수욕장을 무전여행이라는 이름으로 다녀왔다. 열 명 남짓한 장정들이 각자 집에서 쌀 등의 식재료와 텐트, 코펠, 버너 등을 가지고 왔다. 사람은 열 명인데 8인용 텐트 하나에 짐까지 넣으니 잠잘 공간이 턱없이 부족했다. 하는 수 없이 낮 동안 햇볕으로 달궈진 모래를 파내고 비닐을 깐 후에 옷을 입은 채로 눕고 그 위에 다시 모래를 덮어 마치 목만 남은 시체처럼 밤을 지새우기도 했다.

라면과 부실한 반찬으로 입맛을 잃어가던 어느 날, 아침을 해 먹으려고 냇가로 갔더니 밤새 내린 비 덕인지 바로 옆 논 도기창 물받이에 미꾸라지가 바글바글했다. 우리는 신나게 두 냄비 정도 양의 미꾸라지를 잡았다. 큰 양푼에 넣고 국수를 사다가 김포식 털래기로 끓였더니 근처 텐트에서 냄새를 맡고 와서는 너도나도 덜어 달라고 했다. 남은 미꾸라지는 라면 한 박스와 바꾸기도 했다.

이듬해에는 만리포를 갔다가 비가 계속 오고 날도 추워서 수덕사 소나무 숲 공터에 텐트를 쳤다. 피곤한 상태라 금방 잠이 들었는데 동네 학생들이 와서는 자릿세를 내라며 고함을 치는 통에 잠이 깼다. 나이도 어리고 쪽수로도 밀릴 게 없다고 생각한 우리는 맞섰고 결국 패싸움이 시작되었다. 결국 싸움은 서로 얼마간 투닥거리는 모양새로 끝났고 서로 학생이라는 공통점을 찾은 우리는 우리 쪽에서 술을 사는 것으로 합의를 본 후 야전을 틀어 놓고 밤새 음주가무를 즐겼다. 술과 담배, 통조림과 라면을 사다 보니 가지고 간 현금이 똑 떨어지고 말았다. 하는 수 없이 근처 식당에다 남은 쌀을 모두 팔아 겨우겨우 집까지 오는 교통비를 마련할 수 있었다. 대단한 모험이나 특별한 사건은 아니지만 치기 어린 시절의 작은 일탈이었다.

졸업, 그 성장점의 마디에서

초등학교 졸업식이 끝나면 졸업장과 예쁜 꽃다발을 가슴에 안은 채 가족, 선생님, 친구들과 사진을 찍은 후 근처 중국집에 가서 짜장면과 탕수육을 먹어야 제대로 졸업식을 마무리하는 것으로 여겨졌었다. 그러나 막상 내 졸업식 날은 그날 무슨 일이 있었는지 집에서는 아무도 오시지 않았다. 멋진 졸업통도 꽃다발도 받지 못한 나는 사진도 한 장 못 찍고 짜장면은 언감생심 생각도 못 한 채 보자기에 상장과 부상으로 받은 중학교 수학 참고서를 싸서 어깨에 메고 털레털레 집으로 왔다. 그러고는 화로에 양푼을 올리고 찬밥을 김치에 볶아 먹은 후, 지게를 지고 나무를 하러 뒷산엘 올랐다.

중학교 졸업식 날 새벽에 할아버지께서 돌아가셨다. 전날 반주를 한잔 걸치신 할아버지께서 빚보증을 서신 아버지께 잔소리를 하셨고 기어코 큰 소리까지 났었는데, 아버지가 화를 참지 못하고 방문을 거칠게 닫고 나가시자 할아버지의 잔소리가 나를 향해 쏟아졌다. 증조부께서 훈장을 하셨던 터라 글방엘 잠시 다니셨던 할아버지께서는 한문에도 밝으셨고 항상 문자를 섞어 말씀을 하시고는 했다. 다음날이 졸업식인데 그날도 시종일관 어려운 한자와 고사성어로 잔소리를 하시길래 짜증과 서운한 마음이 밀려와 "할아버지는 유식해서 좋으시겠어요!"라고 말해버렸다. 졸업식 날 새벽, 아버지의 다급한 목소리와 함께 식구들이 모두 일어나 웅성거리는 소리, 다급하게 사랑방 문을 여닫는 소리, 이웃집 경운기 발동을 거는 소리가 났다. 할아버지께서 운명을 하신 것이었다. 안방 윗목에 칠성판을 놓고 시신을 안치한 후 병풍으로 가려놓았다. 아무도 올 수 없는 중학교 졸업식이었다.

고등학교 졸업식을 며칠 앞두고는 예행연습을 위해 학교에 하루 나가야 했다. 모두 편안한 마음으로 교실에서 겨울방학 동안의 안부를 묻고 있었는데 담임선생님이 들어오시더니 머리가 너무 길다며 야단을 치기 시작하셨다. 반장이었던 나는 "어차피 며칠 있다가 졸업을 하면 사회에 나가는데 그나마 애써 기른 머리를 자르라고 하시는 건 좀 심하신 처사 같습니다."라고 말했다. 선생님은 더욱 화를 내시며 지금 당장 나가 머리를 깎고 들어오라고 하셨다. 그럴 마음이 조금도 없던 나와 친구들은 학교를 나와 친구 아지트에서 시간을 보내고 있었다. 얼마나 지났을까? 바깥에서 자꾸 누군가 헛기침을 하는 소리가 들렸다. 참다못한 친구 하나가 "거 누군데 자꾸 시끄럽게 하는 거야?" 하며 문을 벌컥 열었더니 담임선생님께서 얼굴이 벌겋게 상기된 채 서 계셨다. 한동안 서로 아무 말도 못하고 어색한 침묵이 흘렀다. 졸업식이 마무리되고 올드랭사인 연주곡이 은은하게 퍼지는 가운데 여느 졸업식과 마찬가지로 뿔뿔이 흩어져 기념사진을 찍었다. 우리보다 1년 선배들의 졸업식만 해도 얼굴에 구두약을 칠하고 밀가루 폭탄을 뒤집어씌운다든지 평소에 악랄했던 선배들을 두드려주는 일이 종종 있었지만, 우리는 너무 착했는지 다행히 그런 불상사는 없었다. 졸업식을 마치고 아랫말과 종두랏을 지나 불당굴 집까지 오는 길이 새삼스레 예뻐 보였다. 나의 마지막 졸업식은 그렇게 끝이 났다.

6

병영 일기

여정의 시작

고등학교를 졸업한 이듬해 봄, 신체검사를 받으라는 통지를 받았다. 통지서엔 깨끗하게 하고 신검장에 오라는 몇 마디 당부의 말과 함께 꽤 많은 금액이 여비 명목으로 담겨 있었다. 친구들과 작당 모의 끝에 당시 젊은이들의 '핫플'이었던 종로3가 디스꼬레아 디스코텍에 갔다. 모내기하다 바짓가랑이 걷고 고무신 신고 나온 촌놈들은 새벽 4시까지 술과 춤과 땀으로 범벅이 되었더랬다. 새벽 다방에서 비엔나커피로 속을 달랜 후 첫차를 기다리며 설탕 범벅의 싸구려 토스트를 먹었다. 신검 장소인 김포국민학교에 도착하니 어둠이 채 가시지도 않았다. 우린 교대로 망을 보면서 수돗가에서 홀딱 벗고 샤워를 했다.

현역 입영 통지서가 날아오고, 대단한 장도를 떠나는 것처럼 입대 전 한 달여 동안 송별식이 이어졌다. 그리고 아무도 배웅을 나오지 않은 채 1983년 11월 2일, 의정부 101 보충대에 입대를 했다.

가장 먼저 입고 있던 옷과 신발까지 모두 벗어 박스에 담아 안부 편지와 함께 집으로 보낸 후, 나라에서 주는 군복으로 갈아입었다. 짬밥 특유의 찐 밥 냄새가 진동하는 밥을 먹고 나무침상 위에 매트리스 한 장, 모포 두 장, 고무 베개 하나가 잠자리의 전부였다. 정말 완벽한 의식주의 제공이었다.

보충대에서 3박 4일간 신체검사와 여러 가지 조사를 마치고 군번을 받았다. 빡빡 깎은 머리와 남의 옷을 빌려 입은 것처럼 잘 맞지도 않는 허름한 전투복이 어색했다. 허여멀건 얼굴로 천진난만한 표정을 잃지 않는 내 또래 청년들은 교관의 호명에 따라 한 무더기씩 더블백을 낑낑거리며 둘러메고 연병장을 가득 메운 차에 올라타거나 기차역으로 줄지어 떠났다.

이리저리 잘리고 토막 난 줄을 따라 나도 60트럭에 실려 비포장 길을 오래도록 달린 후 마침내 연천군 대광리 차탄교 건너에 자리잡은 육군 5사단 열쇠부대 교육대대 연병장에 도착했다. 연병장에 들어서자마자 쫓기듯이 차에서 내리긴 했지만 메고 있는 더블백 때문인지 좀처럼 자세가 나지 않아 엉거주춤하고 굼떴으며, 그래서인지 실실 웃음이 새는 등 여유가 넘쳤다.

대열이 교육 사열대 근처로 죽 늘어서자 조그맣지만 찔러도 바늘 하나 들어갈 것 같지 않은 교관이 얼굴이 비칠 정도로 번쩍이는 군화를 신고 검은 모자를 깊이 눌러 쓴 채 있었다. 교관이 나지막이 "제대 차렷!"이라고 말하는가 싶더니, 이 한마디가 대열 끝에 도달하기도 전에 작은 체구가 그대로 붕 뜨더니 2~3미터를 날아 맨 앞줄에서 어리바리하게 서 있던 누군가를 그대로 찍어 눌러 자빠트렸다. '억' 소리와 함께 빨간 모자를 쓴 조교들이 늑대들처럼 달려들어 주먹질과 발길질을 했다. 시간이 얼마나 지났는지도 몰랐다. '시범 케이스 교육'을 마친 교관이 반쯤 쉰 듯하지만 카랑카랑한 소리로 말을 했다. "여기가 어딘 줄 아나? 낙엽도 수직으로 떨어지고 눈발도 '동작 그만!' 하면 그대로 멈춰서는 5사단 신병교육대다. 앞으로 너희들은 사람이 아니다. 생각 같은 것은 하지도 마라. 그럴 틈도 없을 것이다. 모든 건 교관과 조교가 소유하고 통제한다. 명령대로 움직이면 편할 것이고 그렇지 않으면 지옥을 경험할 것이다. 그럼 지금부터 소대를 편제할 테니 호명되는 대로 각자 소대 내무반으로 입실한다. 실시!" 그야말로 지옥의 문이 열렸다.

신교대 생활을 고될 수밖에 없었다. 시골에서 자라 농사로 다져졌다고는 하지만 아침 6시 기상나팔을 들으며 일어나 모포를 개고 연병장에 도열해 아침 점호를 마치면 곧바로 4km 구보를 하고 내무반 정리 후 아침을 먹으면 거의 담배 피울 짬도 없이 학과가 시작되었다. 교육 훈련과 내무반 생활 전반이 꽉 짜여진 일과대로 톱니바퀴처럼 돌아갔다. 2주차와 4주차가 끝날 무렵 선배 기수 교육생들의 수료식을 지켜보며 얼마나 부럽던지, 아침 점호 때 고향을 향한 묵념을 할 때마다 왜 그리 눈물이 나던지, 내무반장을 하며 유난히 살갑게 대해주던 김원배 하사와 경기도 병력이라는 동질감으로 마음을 나누던 내무반 동기들, 그리고 고된 교육훈련을 마치고 10분간 휴식 시간에 피워 무는 담배 한 개비가 오로지 위안이고 위로였다.

사제 물 벗겨내기

우리 공용 8기들은 하루가 다르게 신병교육대 생활에 적응해 갔다. 그렇다고 힘들지 않거나 일과가 쉬워진 건 아니었다. "죽었니, 살았니 꿈틀꿈틀 해봐라. 공짜 밥이 어디 있냐"는 소리가 기상나팔처럼 내무반과 연병장에 울려 퍼지며 하루가 시작되었다. 매일 아침 점호 때마다 서로 더 좋은 통일화를 신으려 하는 탓에 조금만 꾸물거려도 짝짝이를 신거나 너덜너덜할 정도로 헤진 걸 신게 되어 하루종일 불편한 걸 감수해야 했고 자칫 화장실을 다녀오지 않은 채 점호에 나선 날에는 아침 구보 중에 아무 데서나 급한 볼일을 해결해야만 했다.

군인의 길부터 시작해서 외워야 할 것들도 매일 같이 쏟아져 나왔고 내무반 청결부터 개인위생과 관물대 정리, 각종 개인 장비 정비 상태 점검 등 신병교육대의 취침 점호는 유난히 철저했다. 교육 훈련 과정이나 식당을 오갈 때, 심지어 휴식할 때에도 툭하면 지적 사항이 나왔고 들추기만 하면 곡소리가 났다. 중관물대나 상관물대에 발을 올리고 깍지 낀 채 엎드려뻗쳐, 침상과 침상을 연결하는 한강 브리지, 내무반 시멘트 바닥과 침상 위를 오르

내리며 온몸을 던져 덮쳐야 하는 수류탄 투하. 그러나 얼차려의 백미는 한 발에는 군화, 다른 발에는 통일화를 신고 영하의 12월 밤 날씨 속 연병장에서 양팔 간격으로 도열 후 '빤쓰바람'으로 조교들의 찬물 바가지 세례를 고스란히 받는 것이었다. 3주차 정도가 지나자 여유도 생기고 무엇보다 교육대대에 우리보다 후임 기수가 입교를 해서 병아리처럼 어리바리한 그네들을 골려주거나 위안으로 삼는 낙도 생겼다.

훈련소에서 가장 힘들었던 건 뭐니 뭐니 해도 배고픔이었다. 돌을 먹어도 소화를 시킬 수 있는 나이인데 밥의 양은 적고 고된 훈련 탓에 운동량은 많으니 항상 밥때가 기다려졌다. 정말 배가 고플 때는 내 식판을 얼른 비우고 취사장 밖 퇴식구 앞에서 단풍하사를 졸라 남은 밥을 얻어먹은 일도 많았고 일부러 밥을 남겨서 챙겨주는 고마운 사람도 있었다.

교육훈련이 항상 힘들고 엄하기만 한 것은 아니었다. 야간 침투교육 중 누군가 방귀를 뀌었다. 절대 소음을 내서는 안 된다는 사실을 알기에 참고 참고 또 참다가 괄약근이 더 이상 버티지 못해 삐져나오는 소리여서 그런지 시원하게 터져 나오지 못하고 신음하듯이 길게 나왔다. 한 명이 방귀를 뀌자 갑자기 여기저기서 뿡, 뿡, 피식 온갖 종류의 방귀 소리가 동시다발적으로 들렸다. 교육생도 교관도 조교도 처음에는 입을 막고 키득거렸지만 나중엔 모두 소리 내어 웃고 말았다. 결국 교관은 교육 중단 명령을 내리고 "5분간 시간을 줄 테니 모두 맘껏 방귀를 뀌어라. 하지만 이후 또

뀌는 놈은 알아서 해라."고 엄포를 놓았다. 막상 방귀 타임을 주니 방귀 소리가 나지 않았다. 하지만 다시 정숙 보행을 시작하자마자 또 다시 방귀가 여기저기서 터져 나왔고 그날의 야간 침투 훈련은 실패로 끝났지만 방귀 덕분에 저녁 점호도 없이 편하게 잠자리에 들 수 있었다.

교육이 마무리될 즈음 2박 3일간 사단 휴양소 입소가 있었다. 정신 교육을 하면서 px에서 먹을 것도 맘껏 사 먹고 탁구도 치고 당구도 치면서 지냈다. 마침내 6주간의 신병 교육이 끝나고 수료식이 거행되었다. 삐까뻔쩍한 빨간 별판을 단 지프차에서 내린 신우식 사단장이 막 태어난 새끼들을 대하듯 흐뭇한 얼굴로 축하를 해주었고 35연대 1대대에 배속된 나는, 어깨에 단 무궁화 세 개가 오히려 가벼워 보이는 훤칠한 신정 연대장과 악수를 하고 관등성명을 크게 외쳤다. 부모님께서 장만해 오신 고기와 밥 등 오랜만에 사제 음식으로 배를 채웠다.

35연대 1대대 4중대 신고식

대광리 외곽 연대본부에서 60트럭을 탔다. 빠릿빠릿하긴 해도 어리바리하고 각 잡힌 행동을 하는 것이 누가 봐도 얼굴에 '나는 신병이요'라는 게 티가 났는지 함께 탄 병사들은 "아찔하네. 나 같으면 자살한다." 등의 말을 중얼거리고는 이내 관심을 두지 않았다. 트럭이 막 출발하려는 찰나 어디선가 군장 하나가 휙 날아들며 시커먼 몸뚱이가 날렵하게 올라탔다. 올라와서는 더럽게도 침을 캬 뱉더니 입에 담기에도 민망한 육두문자를 쓰며 상대방이 누군지도 모를 욕을 해댔다. 그러더니 갑자기 나를 불렀다. "인마! 너 성춘이지?" 이럴 수가. 그는 민경규였다. 하성면 석탄리에 사는 중고등학교 동창인데 밴드부에서 호른을 불면서 사고라는 사고는 다 치고 다니던, 짱구라는 별명으로 불리는 친구였다. 사회에서 만났다면 때와 장소를 가리지 않고 부둥켜안고 반가워했겠지만, 상병 계급장을 보고는 존댓말을 할 수밖에 없었다. 뻥이 심하게 섞인 고참 동창의 경험담을 들으며 대대본부가 있는 후방 CP까지 이동을 했다. 격려인지 비아냥인지 모를 "군대 생활 잘해라."라는 인사를 뒤로하고 민경규는 떠났다.

“단결! 신고합니다. 이병 김수동, 동 안백광, 동 조성춘, 동 이기용 등 4명은 1983년 12월 24일부로 제1대대에 전입하였기 이에 신고합니다.” 군번이 제일 빠른 김수동이 대대장께 전입신고를 했다. 전입신고가 끝나자 미리 대기하고 있던 중대 고참들이 우리 넷을 중화기중대 막사로 데려갔다. 마침 크리스마스 이브라 대대 전체가 온통 반짝이는 전구와 솜뭉치, 형형색색의 여러 소품들로 장식되어 있었다. 식당에서 밥을 먹는데 짬밥 맛도 그렇고 반찬도 그렇고 특히 크리스마스라고 특식까지 챙겨주는 걸 보니 전방으로 오길 잘했다는 생각마저 들었다.

저녁을 먹고 내무반에서 대기하고 있는데 키가 작고 얼굴에 온통 석탄가루를 시커멓게 바른 듯한 이등병이 우리에게 다가왔다. 자신은 일주일 전에 전입 온 김석추인데 군대라고 와 보니 고참들 등쌀에 못 살겠다. 자기가 먼저 나설 테니 아주 뒤집어 버리자며 우리를 선동했다. 아무래도 느낌이 이상해서 입을 꾹 다물고 있었는데, “군대 뭐 있냐? 그렇지만 아직은 좀 이르고 일병 달면 아주 이놈의 중대를 말아 먹어보자!”며 안백광이 호기 넘치게 응수했다. 이 말이 떨어지기가 무섭게 김석추가 모자를 벗어 던졌다. 알고 보니 김석수는 이등병이 아니라 제대 날이 일주일도 남지 않은 고참이었고 우리는 그에게 던져진 제대 선물이었던 것이다.

그렇게 중대 본부에서의 하룻밤이 지나고 보급품이 가득 찬 더블백과 완전군장 차림으로 약 3km가 넘는 고갯길과 깔딱고개를 넘어 가쁜 숨을 헐떡거리며 소대 막사에 도착했다. 마침 막사 문을 열고 나오는 사람을 보고 사단 경례 구호인 '단결'을 목청껏 외쳤는데 갑자기 눈앞에서 불똥이 튀었다. 고참의 강력한 한 방이 내 뒤통수를 가격한 것이었다. 철책에서의 쫄병 생활이 얼마나 고달플지를 암시하는 전조였다.

낯선 것들과 친해지기

최전방 철책에서 근무한다는 건 폼나는 일이었다. 전투복과 야전잠바, 동정복, 완장, 방한모, 철모에도 검정 바탕에 흰색으로 '민정경찰'이라고 새겨진 휘장을 달고 다녔다. 소대 전입 후 일주일은 근무도 없고 과업도 없었다. 밥 먹고 침상 위에 각 잡고 앉아 고참 이름을 외우거나 막사와 철책 주변에 대한 설명을 듣거나 제대가 임박한 고참들의 무용담을 들으면서 리액션을 해주었다. 어쩌다 90밀리 무반동총을 분해 결합하는 내기에 선수로 출전도 하고 군장 싸는 법을 숙달시킨다는 명분으로 한 시간 넘게 군장을 싸고 풀기를 되풀이하기도 했다.

이렇게 일주일이 지나자 주간 근무에 투입이 되었고 1984년 새해가 시작되고는 야간 경계 근무도 나가게 되었다. 새해 첫날 아침에 떡국을 먹고 주간 근무를 하면서 주변 지형과 초소의 위치, 초소 내부에 설치된 각종 무기와 이들의 사용법 등을 숙지했다. 초소 근무에 들어가기 위해서는 실탄이 지급되었다. 긴장 속에서 첫 야간 근무를 끝낸 후 영하 10도가 넘는 식당에서 아침을 먹고 취침을 하려는 순간 신참 4명은 취사장으로 집합하라는 명령이 떨어졌다. 허둥지둥 복장도 제대로 챙기지 못하고 시베리아 같은 식당으로 내려가 봤더니 우리들의 바로 위 선임들이 모두 부동자세로 서 있었고 소대 하리마오를 맡은 상병 둘이서 손에 무언가를 들고 우리를 기다리고 있었다. 고참들이 들고 있는 것은 방한두건이었다. 근무를 마치고 소대로 복귀하는 길에 주웠는데 누구 것이냐고 물었다. 우린 영문도 모른 채 모두 자기 것이 아니라고 말했다. 결국 고참은 모두 내무반에 가서 자신의 보급품과 근무용 물품을 확인하고 다시 오라고 했다. 올라가서 따져 보니 백광이 근무가 끝난 후에 다음 근무를 들어갔던 고참이 주운 것이었다. 어찌 된 것이냐 물었더니 동기 안백광은 모르겠다고 했다. 하긴 뭔 정신이 있었겠는가. 어쨌든 우리 신참 넷은 키가 거의 190cm에 가까운 고참의 10미터에 달한다는 놀라운 발차기 맛을 본 후, 영하의 식당 안에서 땀이 나도록 맞고 굴렀다.

주야간 경계근무와 밤샘 근무 후 꿀 같은 오전 취침이 몸에 밸 즈음 새로운 스포츠를 만나게 되었다. 축구공을 갖고 배구장에서 발로 배구를 하는 이상한 공놀이었다. 공을 차는 일에 별로 흥미가 없던 나는 구경을 하고 있었는데, 갑자기 고참이 들어가서 경기를 하라고 했다. 규칙도 모르던 나는 결국 상대편에게 구멍 노릇만 하다가 5분도 되지 않아 끌려 나왔고 나머지 동기들도 마찬가지였다. 결국 과자와 음료수가 걸렸던 족구 경기에서 우리 소대는 만방으로 깨졌고 다음날부터 특훈이 시작되었다. 우리 동기 넷을 비롯하여 신참 5명이 한 팀이 되고 고참들이 상대편이 되어

야간 근무가 끝나고 취침을 해야 할 시간에 족구를 해야 했다. 실수하면 무조건 자동 원산폭격 자세를 취해야 했고 그런 우리에게는 고참들의 날카로운 공격이 날아와 박혔다. 심심치 않게 멀리 공을 차버리는 심술을 부리면 목숨을 걸고 지뢰지대에 빠진 공을 주우러 가야 하기도 했다.

GOP 연가

근무 때마다 새벽 5시 30분이면 정확하게 대남 방송 스피커를 타고 나오는 북한 아나운서의 멘트는 하도 들어 거의 외울 수 있을 정도였다. "민족 분열의 비운을 안은 삼천리강산에 또 하루 새날이 시작되었습니다. 새날이 시작될 때마다 피 끓는 조선 청년의 가슴마다…" 우리의 대북 선전은 주로 팝송과 가요 같은 음악 위주의 방송이었다. 마음의 '가슴앓이', 조용필의 '못 찾겠다 꾀꼬리', 김수희가 부른 '멍에' 등 최신가요나 마이클 잭슨의 'Beat it'와 'Billie jean', 아라베스크의 'Hello Mr. monkey' 같은 팝송도 심심치 않게 틀어줬다. 가장 신나는 건 한 달에 한 번 여군들이 GP로 직접 들어가서 대북 선전 현지 방송을 하는 날이었다. 밖에서야 군대라 할지라도 심심치 않게 여자를 볼 수 있겠지만 철책에서는 언감생심 여자를 실물로 볼 수 있는 기회는 거의 없었다. 그래서 고참들은 통문에서 근무하는 건 하늘이 내린 축복이라고까지 했다. 한 달에 한 번 지분 냄새를 맡을 수 있는 날이 오면 고참들은 심각하게 순서를 정하느라 큰 소리까지 나기도 했다.

철책에는 따로 잔반을 수거해가는 사람이 들어 올 수 없어서 취사장 뒤쪽 야산에 구덩이를 파고 처리했는데 식사 때가 되면 정말 거짓말 보태어 호랑이만 한 고양이들이 모여들었다. 일명 '짬타이거'들이었다. 하루는 꿈에도 몰랐지만 짬타이거가 불고기가 되어 저녁 메뉴에 나온 적도 있다. 이상한 먹거리를 말하자면 불개미 맛이 단연 최고였다. 7월쯤인가 무더운 날이었는데 병장이 산에 올라서는 흙과 검불이 수북하게 쌓인 곳을 파라고 했다. 제대가 한 달 정도 남은 김 병장은 뭐가 그리 좋은지 연신 싱글거리면서 내가 불개미 집을 버르적거리며 파내면 그 속에서 불개미를 거둬 양동이에 담고 위를 검불로 다시 덮었다. 김 병장과 나는 한 마리도 도망치지 못하게 그릇에 잡아넣어서는 취사장으로 내려갔다. 김 병장은 프라이팬을 꺼내 미리 씻어 두었던 찹쌀을 꺼내 볶기 시작했다. 찹쌀이 노릇노릇하게 익을 무렵 불개미를 프라이팬에 쏟아 넣었다. 순식간에 더듬이와 다리가 없어지면서 빨간색으로 윤이 나는 것이 노릿한 찹쌀과 잘 어우러져 보였다. 재빨리 찹쌀과 불개미를 볶아 낸 김 병장이 5분대기 차량으로 가더니 손에 4홉들이 소주 한 병을 들고 휘적거리면서 돌아왔다. 입대 전 송별식 후 거의 반년이 넘게 입에 대지 않았던 소주가 식도를 타고 위까지 내려가자 짜릿함이 그대로 느껴졌다. 스텐공기에 한 잔씩 따라 술 한 공기에 불개미 한 숟가락.

철책의 봄이 무르익던 어느 날 관보라는 게 내게 전달되었다. 할머니 부음이었다. 사실 입대하던 날도 자리에 몸져누워 계셨고 며칠 안 되던 특별 휴가 때도 "이제 너를 보내면 못 보겠지." 하시며 눈물을 보이셨는데 아무도 오지 않는 철책 너머를 응시하는 초소 근무를 서면서 할머니 부음을 전해 받은 그 날, 핏빛 노을 속에 길게 달려드는 산 그림자를 보며 할머니에 대한 그리움, 갇힌 공간과 죽은 시간의 속박을 벗어날 수 없는 무기력감에 나는 통곡했다. 2박 3일간의 장례 휴가를 쓰지도 못하고 나중에 정기휴가를 나가서야 겨우 할머니 산소에 인사를 올릴 수 있었다.

태양제

바로 앞산에 걸렸으니 무표시로 쏴야겠지.
할머니는 해가 솟는 산마루에서
번데기보다 못한 고추를 내어 오줌을 뉘며
네 오줌발이 저 빨갛고 커다란 불알을 꺼야 한다고 말했다.
할머니는 해가 지는 산허리에서
네 오줌발이면 저 불알을 끌 수 있다고 말했다.
소년은 불알이 죽는 걸 볼 수 있었다.
불알이 길게 뻗어 버리고 새끼들이 나타나 막 울어댈 때까지
소년은 쭈그리고 앉아 번데기보다 못한 고추를 만지작거렸다.
하지만 불알은 꺼지지 않았다.
발밑에 가랑잎이 떠내려가고 자갈흙이 패이도록 오줌을 누어댔다.
소년이 매일 고추를 내어 불알을 향해 안간힘을 썼지만
불알은 죽었다가는 다시 살아나기를 계속했다.
언젠가부터 소년은 그 큰 불알을 끌 수 없음을 알았다.
이 번데기보다 못한 고추로 어떻게 불알을 끈담.
그래, 내 고추로는 불알이 안 꺼질 거야.
할머니가 말했다. 한숨 섞인 목소리로.
그래, 그럴지도 모르겠구나. 하지만 네가 자라면 고추도 클 거야.

그럼, 그때 다시 하자꾸나.

네 할아버지도 늘 여기서 불알을 끄곤 하셨지.

장승처럼 떡 버티고 서서 말이야.

그래, 네 고추는 정말 너무 작은지도 모르겠구나.

눈이 시리었다. 접영점을 떼지 않은 채 눈을 감았다.

소년은 활을 쏘기 시작했다.

화살에 커다란 물주머니를 매달아 불알을 향해 날렸다.

화살은 불개미집 위에 떨어져 홍수를 내기도 하고

벌집 위에 떨어져 꿀과 애벌레를 다치게도 했으며

오줌 누는 계집애 엉덩이에도 떨어지고

엿장수 엿판과 방물장수 박하분을 버리게도 하였다.

할머니가 죽으면서 말했다.

저놈은 불알이 아니라 빨갛고 커다란 불새라고

그래서 밤이면 저 산 너머에서 교미를 하고

새끼 불새들을 온 하늘 가득 벌려 놓고는

아침에 다시 날아오르는 것이라고

소년은 대답했다.

꼭 큰 불알, 아니 불새를 잡아 오겠노라고

하지만 소년을 그 후론 불새를 보지 못했다.

학교에도 책에도 거리에도 TV에도 영화에도 불새는 없었고

말라깽이 담배가 숨 막히게 꽉 찬 담뱃갑에도

할머니 젖 같은 술 속에도 밋밋한 그녀의 가슴에도 불새는 없었다.

가늠쇠 선단을 올려 정조준 했다.
들이켜 참는 숨이 가빴다.
"처녀의 가슴을 만지듯이…"
교관의 목소리가 저쪽에서 맴돌았다.
"천천히, 직 후방으로, 인지의 힘만으로"
굵고 강한 오줌발이 불알을 향해 날아갔다.
피가 튀었다.
붉은 피가 아닌 새빨간 피가.
나무도 새도 개미도 철책도 온통 빨간색이었다.
점점 붉어졌다. 그리고는 깜깜해졌다.
혁대를 풀어 빳빳해진 남근을 만져 보았다.
씨근거림이 있었다. 승리의 씨근거림이었다.
소망의 씨근거림이었고 생명의 씨근거림이었다.
그래 난 불새를 잡았어.
할머니는 항상 옳았다.
이제 내일 불새를 가져다 할머니 산소 앞에서 제사 지내야지.

아듀 GOP, FEBA로

여전히 우리 동기 넷과 노승수는 소대 내 궂은일을 도맡아야 했지만 어리바리한 이등병에서 빠릿빠릿하고 눈치코치 다 아는 일병으로 진급했다. 대학을 다니다가 입대한 수동이는 제일 먼저 초소 근무에서 상황 근무로 전환을 했고, 이것저것 손재주와 눈썰미가 좋은 백광이는 취사병이 되었으며 나는 후임병 교육, 우편 수발, 보급품 수령, PX에서 장보기 등을 맡았다. 기운이 좋은 기용이는 온갖 작업 차출 담당, 몸이 약하고 목소리도 작아 늘 우리까지 도매금으로 얼차려를 받게 한 노승수는 조경을 전공한 전문성으로 고참들과 괴목이나 수형이 좋은 나무를 찾으러 산엘 쏘다녔다.

여름이 지나고 추석이 다가오면서 부대 내에 GOP 부대 교대와 관련한 말이 돌기 시작했고 마침내 페바지역에 있는 새로운 보금자리를 향한 제대 별 행군이 시작되었다. 입대 후 첫 행군이었다. 흐렸던 하늘에서 기어코 비가 내리기 시작했다. 군장 위에 매달린 판초 우의를 꺼내 입고 다시 행군을 시작했다. 두어 시간쯤 걸으니 위병소 앞에 환하게 불이 켜져 있었고 연병장에도 차량들로 불야성이었다. 아, 철책과는 다르구나. 새벽인데도 이렇게 환하게 불을 밝힐 수가 있구나. 얼마나 많은 새로운 일들이 우리를 기다리고 있을까?

새로운 부대는 경원선 종점인 신탄리역에서 내려 5분쯤 가면 바로 길옆에 있었다. 막사 뒤에는 철사로 만든 빨랫줄이 중대별로 각각 있어 모포를 햇볕에 소독하거나 양말부터 속옷과 전투복 등을 널어 말리는데 반드시 모포 감시병을 한 명씩 두어도 귀신같이 절도사건이 발생하곤 했다. 그렇다고 이게 문제 되지는 않았다. 우리 중대가 하나를 분실하면 무슨 수를 쓰든 며칠 안에 몇 배에 해당하는 걸 채우는 게 불문율이어서 보급품이 남으면 남았지 모자라는 일은 절대 용납되지 않았다. 위병소부터 막사 앞까지는 넓게 펼쳐진 연병장이 있어 전투 체력의 날인 매주 수요일 오후와 토요일 오후 그리고 일요일에는 어김없이 소대별 또는 본부중대와 내기가 걸린 축구와 족구, 배구 게임이 열렸다. 지면 곡소리 나게 깨졌고 이기면 그냥 깨졌다. 어쨌든 그렇게 부산하게 부대 교체를 마치고 시작한 페바에서의 생활은 눈코 뜰 새 없이 바쁘게 흘러갔다.

훈련과 행군

철책에서 나와서 특공 종합훈련에 이어 두 번째 맞는 대규모 훈련인 대대 ATT가 가을이 한참 깊어 가던 10월에 있었다. 당시 대대장 전근표 중령은 작지만 다부지고 매사에 최선을 다하는 전형적인 야전 군인이어서 대대 분위기가 늘 팽팽한 긴장이 유지되고 있었다.

대대 ATT의 시작을 알리는 라운드하우스가 발령되어 군장 검사를 마치고는 곧바로 패스트 페이스로 전환되어 거점을 점령하고 행군 이동 명령을 기다렸다. 훈련 중에는 모두 무선 통신을 하는데 무전기가 가끔 터지지 않을 때가 있었는데 그날이 그랬다. 여섯 시간이 지나도 아무런 연락도 없자 결국 무전기를 메고 있던 분대장이 아무래도 불감인 것 같다면서 OP까지 다녀오겠다고 길을 나섰는데 두어 시간 만에 중대장과 함께 돌아왔다. 중대장은 얼굴을 붉으락푸르락하다가 개머리판으로 분대장 가슴을 가격하기 시작했다. 10분이 넘게 무기와 주먹, 군홧발로 매 타작을 하고 나서는 직접 이동 명령을 하달했다. 이미 대대 전체에 대한 이동 명령이 한참 전에 내려졌고 우리 분대만 출발 보고가 없자 무전

불감을 예감하고 곧장 거점으로 찾아온 것이었다. 먼저 출발한 보병 중대를 따라잡는 일은 쉽지 않아 거의 구보를 하다시피 땀범벅이 되었다. 울퉁불퉁하게 돌멩이가 깔린 상승로를 지나 고대산을 골짜기와 능선을 휘감아 넘고 가도 가도 끝이 안 보이는 다라미 고개를 넘어갔다가 되넘어왔다.

대대 ATT가 대대장의 대대 전술 운용 능력을 평가하는 것이라면 연대장의 지휘 능력은 RCT를 통해 평가된다. 키가 190cm에 육박하는 거구의 신정 대령이 지휘하는 우리 35연대의 RCT는 대대 ATT를 마치고 정비도 제대로 마무리하지 못한 11월에 시작되었다. 대대 ATT와는 달리 연대 RCT는 전시 대비 완편 체제로 운용하기 때문에 동원예비군들이 들어와 현역 군인과 함께 훈련을 했다.

동원예비군들은 별도 막사에서 내무반별로 모여 군복과 총기를 지급받는데 예비군 티를 내면서 성깔을 부리는 사람이 꼭 있었다. 이날도 전투복을 나눠주는 과정에서 사달이 났다. 작은 구멍이 난 전투복 하의를 받은 예비군이 바꿔 달라고 했다가 거절당하자 욕을 하며 구멍에 손가락을 넣고 그냥 북 하고 찢어버렸다. 그러고는 이래도 안 바꾸어 줄 테냐며 인상을 구기다 중대 상사한테 딱 걸리고 말았다. 평소 3보 이상은 오토바이를 타고 무슨 일이 있어도 절대 뛰는 법이 없는 그가 붕 뜨더니 군화를 신은 채 예비군을 이단 옆차기로 날려버렸다. 이 일로 예비군들의 장난기는 싹 사라지고 RCT를 받는 3박 4일 내내 꾀는커녕 힘들 때마다 사제 빵, 우유 등 간식도 조달하고 술도 사면서 진짜 예비군으로써의 역할을 톡톡히 해줬다.

신망 초등학교 뒷산에 임시 거점을 마련하고 한숨 돌린 것이 이틀째 오전이었다. 제대로 된 잠을 자본 지가 오래되었고 계속되는 행군에 몸은 지칠 대로 지쳐있었다. 불안한 휴식은 신경을 날카롭게 해서 작은 일에도 고참들은 예민하게 반응하면서 신경질을 냈고 부사관과 장교들도 힘들어했다. 점심이 될 무렵 산 아래에서 시끌벅적한 소리가 올라왔다. 음악과 마이크 소리, 함성과 환호가 뒤섞인 소리였다.

거꾸로 매달아도 국방부 시계는 돈다

연천 군민의 날 행사가 열리고 있는 신망 초등학교는 온통 잔치 분위기였다. 단독 군장을 한 군인들이 여기저기 기웃거려도 평소늘 보면서 함께 생활해 온 탓인지 경계를 하거나 거리를 두는 사람이 없었다. 마침 무슨 일이냐고 말을 붙이는 주민이 있었다. 연대급 훈련 중인데, 한숨도 못 자고 힘드니 남는 음식을 나눠 주시면 소대원들과 나눠 먹고 힘내서 훈련 잘할 수 있을 것 같다고 너스레를 떨었다. 그러자 일행을 천막 안으로 끌고 들어가 큰 그릇에 수북하게 밥을 푸더니 술과 고기며 떡, 과일 등을 내어주셨다. 배가 터지도록 얻어먹고 바리바리 싸가지고 올라가서 사제 음식으로 회식을 했다. 꿀 같은 휴식도 잠시 또다시 공격 명령이 떨어졌다.

사실상 거의 일주일을 밤낮 가리지 않고 눈을 붙이지 못하는 상황이 계속되었고 마지막 날 행군이 있었다. 고대산 4지점에서 2대대를 거쳐 상승로를 통해 상승 사격장까지 갔다가 다시 4지점으로 복귀하는 비교적 짧은 거리였는데도 나는 거의 모든 구간을 자면서 걸었다. 나만 그런 건 아니었다. 10분 휴식이라는 행군 항도의 복창과 동시에 앞사람 군장에 머리를 부딪는 소리가 끊이지 않았고 길이 구부러지는 곳에서는 엉뚱한 곳으로 가거나 미끄러져 넘어지는 소리가 계속 났다. 훈련을 마치고 복귀해서 보니 전투화는 젖어서 동태처럼 얼어있었고 전투복을 벗으니 허벅지와 엉덩이 등 온몸에 멍이 있는데 도무지 무슨 일이 있었는지 기억나지 않았다. 꿈을 꾸었던 걸까?

또다시 한 해가 가고 나는 상병이 되어있었다. 설날을 며칠 앞두고 공지 합동 훈련이 시작되었다. 중부전선인 연천과 철원, 포천 일대는 온통 눈밭이었다. 고대산을 넘고 철원군 동송읍과 갈말읍을 지나 포천시 운천에 있는 승진 훈련장까지 40km를 행군해서 이동했다. 거리는 짧지만 경사가 급한 고개로만 이어진 길이라 굉장히 힘이 들었다. 특히 훈련장을 코앞에 두고 시작된 여우고개는 가도가도 굽이굽이 끝이 나지 않고 이어져 길가에 쌓인 눈을 정말 많이도 먹었다.

겨우 훈련장 주변에 도착해서 분대별로 텐트를 치고 일주일간 보병과 기갑, 야포와 헬기 등 공중 지원 전력이 어우러지는 종합화력 시범 훈련의 막이 올랐다. 은근히 화려하고 멋진 온갖 장비들의 화력 시범을 기대했지만 별다른 명령이 없었다. 시간이 남고 몸이 편해지니까 자꾸 딴생각이 난 우리는 거사를 모의하고 실행에 옮겼다. 부식을 추진하러 대대 CP 취사장을 다녀오는 길에 슬쩍 훈련장을 빠져나가 가게에서 이동 막걸리와 과자 부스러기를 조달한 것이다. 다른 사람이 눈치채지 못하도록 밥과 부식을 넣어 운반하는 짬밥 통에 술과 안주를 넣어 날랐다. 칼칼하고 텁텁한 김포 막걸리와는 달리 미끌거리고 달착지근한 포천 막걸리 열 병이 순식간에 비워졌다. 술기운에 추위도 잊고 행복한 잠에 빠져들었는데 아침에 사달이 났다. 강정우 병장이 토를 하는 바람에 모포며 배낭 등이 온통 토사물로 난리가 났고 텐트 안에는 막걸리 쉰내가 진동했다. 다행히 맘씨 좋은 중사 덕에 그냥 넘어갔지만 모두 영창을 각오해야 할 사건이었다.

어영부영할 것 같았던 훈련은 복귀 이틀을 남기고 날이 풀리면서 제대로 돌아가기 시작했고 90밀리 무반동총을 비롯한 직사화기 화력 시범이 실시되었다. 우리는 400m 앞에 세워진 표적에 단 한방으로 명중탄을 꽂아 넣었다. 106밀리 무반동총의 무시무시한 위력과 탱크에서 발사되는 불꽃 같은 포탄의 궤적을 보면서 참 아름답다는 말도 안 되는 생각이 들기도 했다.

복귀 행군을 하면서 먹었던 컵라면은 지금도 인생 최고의 라면이고 부대에 복귀해 보니 설날이라고 아버지와 누나가 면회를 왔다가 헛걸음을 하신 듯 어머니가 직접 고아 보내주신 엿과 과일이 있었다. 눈물이 핑 돌았다.

중대 통신병으로

또 봄이었다. 군대 입대 후 두 번째 맞는 봄이었지만 시간의 흐름을 느낄 만큼 여유롭지는 못했다. 어느 날 인사계의 호출이 있다는 전갈을 받고 행정반으로 갔다. 물품을 끔찍이도 아끼는 짠물 인사계가 웬일로 커피까지 손수 끓여주면서 말을 붙여왔다. 출신고, 자격증 여부는 물론 가족, 친구 관계와 최근 정치, 사회 현상에 대한 생각에 이르기까지 별걸 다 캐물었다. 그 일이 있고 얼마 되지 않아 영문도 모른 채 전방 철책 이중화 공사 통제부 파견 명령서를 받았다.

공사 통제부는 철책 바로 후방에 있었다. 나보다 먼저 도착한 사람들은 이미 바쁘게 일을 하고 있었다. 내 임무는 매일 저녁 무렵 구간별 공사 책임자들로부터 당일 공사 진도와 내일 계획을 보고 받아 연대장과 사단장께 드릴 보고 자료를 작성하는 일이었다. 숫자에 대해서는 남다른 감각과 순발력이 있었던 까닭에 일이 어려운 건 하나도 없었다. 게다가 군대 오기 전에 한강 농조에서 발주한 농수로 사업 현장에서 막일을 하며 익혀둔 어쭙잖은 용어들을 십분 활용하여 전문가인 양 말을 하면 민간인들인 구간

책임자들은 마치 내가 대단한 경력이라도 있는 것으로 생각하고 잔꾀를 부리지 않았다.

공사 통제부 파견 생활은 그야말로 꿀이었다. 일의 강도나 난도가 높지 않았고 특히 지긋지긋한 일석점호 일조점호가 없어 맘 편히 잠들고 깰 수 있었다. 하지만 가장 놀라운 것은 급식이었다. 매일 아침 햄버거 빵에 삶은 감자와 삶은 계란, 슬라이스 햄, 딸기잼이 나왔다. 심지어 개수 제한도 없었다. 사실 그때까지 군대 급식은 매일 똑같은 짬밥에 매주 일요일 아침만 팅팅 불은 라면이 배식 되어 제대 날짜도 라면 그릇으로 세던 때였다. 때문에 아침 매뉴가 햄버거라는 건 굉장히 파격적으로 느껴졌던 것이다.

그렇게 두 달이 지나 초여름이 될 즈음 철책 이중화 공사가 마무리되어 파견 복귀를 준비해야 했고 중령 직권으로 5일 정도의 휴가 아닌 휴가가 주어졌다. 우리는 5일 동안 대광리에 나가 술도 먹고 숙소에서 장기도 두면서 꿈같은 시간을 보냈다. 특히 대광리에 있는 '준싸롱'에서는 실컷 술을 먹고 돈도 안 낸 채 모두 도망쳐 나오는 통에 한동안 대광리 바닥에는 우리를 잡기 위해 헌병들이 쫙 깔리는 CPX가 걸리기도 했다. 하지만 장교 숙소에 박혀 꼼짝도 안 하고 있을 줄은 그 누가 상상이라도 할 수 있었겠는가.

파견에서 돌아와 그렁저렁한 일상이 계속되고 있을 때 인사계의 호출이 있었다. 김수동이 B형 간염 보균자라 더 이상 통신병을 할 수 없는 바람에 결국 내가 팔자에도 없는 중대 통신병이 되어 중대장을 지근 거리에서 모시며 남은 군 생활 10개월을 마무리하게 되었다. 중대 통신병이 되어 장비의 운용과 정비 등을 익히고 있을 때 5.16을 기념하는 행군대회가 있었다. 정식 행군이 아니었기에 모두 단독군장 차림으로 했는데 거의 급속 행군 속도로 빠르게 진행되어 가뜩이나 10kg 이상이나 되는 무거운 무전기를 메고 제대로 걷는 것조차 힘들었던 나에게는 고역이었다. 게다가 그 해는 이상 기온으로 5월 날씨가 이미 여름처럼 무더웠다. 기어이 상승로에서 발목을 접질렸고 아픈 다리를 쩔뚝이면서도 행군을 모두 마쳐야 했다. 부대에 복귀해서 군화와 양말을 벗어보니 발목 주변에 시커멓게 죽은 피가 몰려있었다. 그리하여 한동안 의무대를 오가면서 고생을 해야 했다.

여정의 마무리

가을에 접어들자 대대 전체가 GP 신설 공사에 동원되었다. 대대별로 인원수에 비례한 작업 할당량이 정해지고 할당량을 채울 때까지는 철수를 할 수 없어서 중대장과 소대장, 선임하사들까지 모두 삽을 들고 흙을 파서 마대에 담거나 마대를 어깨에 메고 날라야 했다. 고된 막일에 부려먹는 만큼 간식이 자주 나왔는데 무엇보다 간장 양념에 버무려 나온 두부 맛을 잊을 수 없다.

GP 신설 공사에서 복귀하고 곧바로 특공종합훈련이 있었는데 GP 공사 투입을 감안했는지 대충대충 어영부영이었지만 마지막 100km 행군은 예상을 져버리지 않고 언제나처럼 버겁고 힘들었다. 마침내 군대에서 유격훈련을 받게 되었다. 3박 4일의 짧은 시간이어서 제대로 된 로프 하강이나 레펠 강습 등은 맛도 못 보았지만, 지루하고 단조롭지만 견디기 어려운 PT체조, 장애물 통과와 외줄, 두 줄, 세 줄 타기 등을 했다. 그래도 화생방은 제대로였는데, 방독면을 씌운 채 가스실에 몰아넣고는 제자리 뛰기를 하면서 군가를 부르게 하고 숨이 턱에 찰 때쯤 방독면을 벗게 했다. 처음에는 숨을 참으려 했지만 조교놈들이 그리 만만할 리가 없었다. 도저히 가스를 안 마실 방법이 없었고 순간적으로 코와 입을 통해 기억나지도, 경험해보지도 못한 이물질이 가득 들어왔다. 입과 코, 눈에서는 계속 무언지 구분도 안 되는 액체가 줄줄 흘러나왔다. 나가는 문을 막고 있는 조교들에 대한 적개심이 살인에까지 이를 무렵 문이 열렸다. 뛰어나가 그대로 고꾸라져 헛구역질을 해댔다. 다행히 얼마 지나지 않아 공포감과 어지러움은 없어졌지만, 얼굴을 만질 수도 없고 제대로 설 수조차 없었다. 바람을 마주하고 큰대자로 서서 바람을 쐬고 있는데 누군가 수통에 물을 따라 머리와 손을 씻겨주었다. 가까스로 눈을 뜨고 바라보니 항상 몸이 약해 행군도 훈련도 제대로 소화해내지 못하던 노승수였다.

군 생활에 경험해야 할 훈련과 교육들이 어느덧 하나둘 지나갔다. 대대 ATT와 혹한기 훈련이 끝나가면서 나는 중대 최고참이 되었다. 졸병 때부터 함께 구르고 서로 의지했던 7~8월 군번들이 하나둘씩 제대를 한 것이다. 몇몇 사수들이 떠날 때는 마음이 찡했다. 권영구 사수가 떠날 때는 시 한 편을 적어주었다.

위령제

색 바랜 전투복일랑은 불태우자.
때에 찌든 몽둥이 넷 병장 계급장
세면장에 곧잘 두고 온 군번줄에 막걸리를 부어라.
땀에 찌든 군 생활 30개월 이리 깨지고 저리 깨지며

손이 부르트고 발바닥에 피 물집이 잡히도록 뺑이치던 날들은
이제 마셔 버리자.
얼룩얼룩 개구리복에 까만 운동화
산뜻하게 차려입고 가뿐한 걸음을 걷자.

침상이 무너져라 무관을 서주는 쫄다구들아
참는 걸 배우느니 포기하는 걸 배워라.
아는 체하고 잘난 체하며 이리 깨지고 저리 찐빠 당하다 보면
야전잠바 소매 실밥 풀어지고
내무반에서 바지 주머니에 손 쑤셔 넣고
담배 꼬나물 날 온단다.
물광 내고 식기 닦는 쫄다구들아
기왕 먹을 비누라면 왕창 먹고 설사라도 앓자.
내 몸 분해하면 결국 비누 한 장 값.
시든 청춘 죽은 시간이었지만 오늘만큼은 하얀 백지란다.
낡은 전투복일랑은 불태우자.
세면장에 곧잘 두고 온 군번줄에 막걸리를 부어라.

생각보다 나의 제대 날도 갑작스레 닥쳤다. 후임병들이 중대 막사에서부터 대대 위병소까지 무동을 태워주고 위병소 문을 나서자 조장과 근무자가 '받들어총'을 하면서 "단결! 수고하셨습니다. 잘 먹고 잘 사십시오!"라며 큰 소리로 배웅해 주었다. 대광리 기

차역에는 사단 군악대가 나와서 팡파르를 울려줬지만 우리는 뒤도 돌아보지 않았다.

피가 나고 알이 배이고 이가 갈리던 군대 시절. 되돌릴 수도 없고 되돌리고 싶은 마음도 없지만, 가끔 꺼내어 손바닥으로 한번 쓰~윽 문질러 보고는 다시 집어넣는다.

軍歌와 社歌

신병교육대에서는 여러 가지 군가를 가르친다. 우리 때는 新軍歌라면서 10대 군가를 가르쳤다. 구보를 할 때나 이동 중이거나 수시로 군가를 부르게 했다. 아침 점호를 마치고 알통구보를 할 때는 주로 "행군의 아침"을 가장 많이 불렀다.

행군의 아침

동이 트는 새벽꿈에 고향을 본 후
외투 입고 투구 쓰면 맘이 새로워
거뜬히 총을 메고 나서는 아침
눈 들어 눈을 들어 앞을 보면서
물도 맑고 산도 고운 이 강산 위해
서광을 비추고자 행군이라네.

그리고 아침 구보 때마다 이것도 빠지지 않았다.

나의 자랑

전우야 잘 잤느냐 어젯밤 꿈속에서

어머님이 하신 말씀 귓가에 새롭구나
너는 나의 아들이요 대한의 아들
너는 나의 자랑이요 조국의 방패
지키자 지키자 내 나라 내 겨레.

일과를 끝내고 복귀를 하는 길이거나 저녁을 먹기 위해 도열 후 식당으로 이동을 할 때는 항상 팔도 사나이를 불렀다.

팔도 사나이

보람찬 하루 일을 끝마치고서
두 다리 쭉 펴면 고향의 안방
얼싸 좋다 김 일병 신나는 어깨춤
우리는 사나이 팔도 사나이
힘차게 장단 맞춰 노래 부르자
정다운 목소리 팔도 사나이

그래도 가장 많이 부른건 뭐니 뭐니해도 진짜 사나이다.

멋진 사나이

멋있는 사나이 많고 많지만
바로 내가 사나이 멋진 사나이
싸움에는 천하무적 사랑은 뜨겁게
바로 내가 사나이다. 멋진 사나이.

각개전투나 유격을 받으러 오가는 길에서는 유격 파라다이스와 유격 자이언트를 부르게 했는데 아마 외국곡에 노랫말을 붙인 것 같다.

유격 파라다이스

야야야 야야야 야야야 야야야 차차차
야야야야 야야야야 차차차
링크 로프 레펠 레펠
어여쁜 아가씨가 손을 잡으면 온몸이 짜르르하네
링크 로프 레펠 타면 파라다이스
아무리 까마득한 절벽도 유격 복창하면 걱정도 없어
링크 로프 타고 레펠을 타는 유격 바라다이스 짠짠

유격 자이언트

야야야 야야야 야야 야야 랄랄라라
끝없이 넓은 세상 올빼미 사는 곳
젊은 가슴 뛰게 하는 유격대 훈련
오늘도 밀림 속을 헤쳐 나간다
마이 프레져 마운틴 마운틴
아이 러브 링크 레펠 내 젊음 바친 유격대~~

공식 군가도 많이 불렀지만, 회식을 하거나 얼차려를 받기나 아주 힘든 교육훈련 때는 악과 깡을 기른다는 목적으로 부대 안에서 구전되어 내려오는, 누가 만들었는지도 모르는 유령 같은 노래를 더 많이 불렀다. 우리는 그걸 社歌(사회 노래)라고 불렀다. 철책에서 근무하는 동안 거의 매일 같이 부른 노래는 GOP 戀歌다.

GOP 연가

찬 이슬 내리는 GOP전선에서
두고 온 한 여인을 못 잊어서 내가 운다.
철책이 가로막힌 GOP전선에서
사나이 사나이가 눈물을 흘리면서 제대 날짜 기다린다.

그런가 하면 6.25 직후 유행하던 '굳세어라 금순아'를 개사하여 박제된 군생 활을 빨리 끝내고 싶다는 심정을 담은 노래도 있고, '영자송'이라는 노래는 거의 전군에서 불렀다. 가사는 부대마다 조금씩 달랐지만 두고 온 애인의 변심에 대한 걱정과 군대라는 울타리 속 계급사회의 고단함을 담았다.

영자 송

영자야 내 동생아 몸 성히 성히 잘있느냐
여기에 있는 이 오빠는 장교가 아니라다
여기에 있는 이 오빠는 장교가 아니라서
5사단 하고도 GOP서 빼이 치는 쫄다구란다.
쫄다구 쫄다구 식기 닦는 쫄다구
쫄다구 쫄다구 군화 닦는 쫄다구.

해군이나 해병대에서 흘러나온 것으로 추정되는 노래도 있다.

항구의 여자

여기는 차차차 쓸쓸한 차차차 항구의 목로주점 바리바리 밤바
가는 배 철썩 오는 배 철썩 기러기 떼 끼룩끼룩 멀어졌구나
항구에서 몸을 팔던 그 아가씨 어데를 가고
에라이 몹쓸 여자야 너도 여자였더냐
믿는 내가 바보였다만은 너 그럴 줄 나는 몰랐다
너는 나를 버리고 다른 남자 품에
에라이 몹쓸 여자야
깨끗이 잊어주마. 딴 남자 품에 잘살아다오

심지어 소대가로 삼은 것도 있었다. 물론 비공식이지만…

90밀리 소대가

서울의 왕대폿집은 90밀리 안식처
서울의 사창가는 90밀리 보금자리
막걸리 암소갈비 90밀리 사랑을 받고
첫사랑 순아는 울었다네
나 없이는 살 수 없다네
계급이 쫄다구라고 사랑에도 쫄다구더냐
목로주점 주인 마담 눈물의 순아야

그리고 아주 노골적으로 성적인 표현을 한 노래도 많다.

제목 미상

꽃잎이 흐느낀다. 외로운 이 밤
님 잃은 내 마음은 고독에 젖어
별빛 따라 먼 곳으로 가버린 님은
다시 올 기약 없는데
그 옛날 전설처럼 사랑이란 진정 눈물인가요
보고파도 그리워도 만날 수 없는 당신인 줄 알고 있지만…
−2절 생략−

그리고 이건 일명 '야야송'이다.

야야 송

야야야야 야야야야
지나가는 여대생을 붙잡아 놓고 살며시 사랑 얘기 들려줬더니
얼굴을 붉히며 돌아서더니 살며시 ×××을 끌러 놓더라.
한 번만 더 합시다 아니 됩니다. 이러다 ×××× ×는 날이면
나는요 철없는 여대생이고 당신은 책임 없는 군바리라오.

철책에서 근무할 때 함께 생활하던 2중대 2소대 김종국 병장이 가르쳐 준 노래인데, 영화 '스파르타쿠스'에 출연한 커크 더글라스를 닮은 얼굴로 회식 때마다 오페라를 부르듯 멋들어지게 뽑아

불렀었다. 부산에 오면 꼭 자기를 찾으라고 했는데 지금은 무얼 하며 잘 지내는지…

여자의 마음

우연히 길을 가다 너를 만나 다방에서 차를 들다
우리는 남부러운 애인이 되었다.
있는 말 없는 말 나를 위해 능청 떨며 말을 할 때
넌 정말 천사처럼 내 맘에 들었다.
아뿔싸 한 달도 못 돼서 마음이 변했다뇨
정말 못 믿을 여자 마음 난 이제 닭 쫓던 개처럼
홧김에 대폿집에 들러 한잔 마신 술이
큰 집에 안방에서 신세 질 줄은…

참 많은 군가와 사제 노래를 노래를 부르고 듣고 배웠지만, 그중에서 백미는 진주 난봉가다.

진주 난봉가

울도 담도 없는 집에서 시집살이 삼 년 만에
시어머니 하시는 말씀 얘야 아가 며늘 아가
진주 낭군 오실 터이니 진주 남강 빨래 가라.
진주 남강 빨래 가니 산도 좋고 물도 좋아
우당탕탕 빨래하는데 난데없는 말굽 소리

옆눈으로 힐끗 보니 하늘 같은 갓을 쓰고
바람 같은 말을 타고서 못 본 듯이 달리더라.
흰 빨래는 희게 빨고 검은 빨래는 검게 빨아
집이라고 돌아와 보니 사랑방이 소요하다.
시어머니 하시는 말씀 얘야 아가 며늘 아가
진주 낭군 오시었으니 사랑방에 나가봐라.
사랑방에 나가보니 온갖 가지 안주에다
기생첩을 옆에 끼고서 권주가를 부르더라.
이것을 본 며늘 아가 아랫방에 물러 나와
아홉 가지 약을 먹고서 목매달아 죽었더라.
이 말 들은 진주 낭군 버선발로 뛰어나와
너 이럴 줄 나 몰랐~~다. 어화둥둥 내 사랑아
화류정은 삼 년이고 본댁 정은 백 년인데
니 이럴 술 쇄 몰랐던가 사랑사랑 내 사랑아
어화둥둥 내 사랑아 너는 죽어 꽃이 되고
나는 죽어 나비 되어 천년만년 살고 지고세.
사랑사랑 내 사랑아 어화 둥둥 내 사랑아.

7

애기전愛妓傳

프롤로그

인계인수서

유도에서 구출한 한우를 아래와 같이 인계인수 하였음을 확인함.

가축명 : 한우, 단위 : 두, 수량 : 1

1997년 1월 17일

인계자 : 해병대 제2570부대장 중령 조건철

인수자 : 경기도 김포군수 유정복

전투복 위에 방탄조끼를 걸쳐 입고 철모를 깊게 눌러쓴 다부진 체격의 조 중령은 국방대학 졸업 기념으로 받은 영웅 만년필을 꺼내 투박하게 자신의 이름 위에 서명을 했다. 다소 상기된 표정의 군수도 녹색 사인펜을 꺼내 날렵하게 사인을 했다.

서로 인계인수서를 교환한 군인과 군수는 의례적인 악수를 하고 이내 해안초소를 나왔다. 차가운 날씨 속에서도 많은 취재진이 두 사람을 둘러쌌다. 저만큼 한길에서는 수색대대 병사들이 황소를 IBS에서 차로 옮겨 싣고 있었다. 이로써 대한민국의 소가 되었다.

한 장의 인계인수서가 작성됨으로써 잉크가 마르든 말든 북조선인민공화국 소속이 아닌 대한민국의 소가 된 것이다.

하조강下祖江 나루

"영감, 물이 깊사옵니다. 배를 띄워야 야음夜陰을 탈 수 있습니다."

벌써 조강祖江의 물은 사리를 지나고 있었다. 조강은 한강과 임진강의 물받이라 중간중간에 모래톱이 많았다. 사리 때를 놓치면 배가 제대로 상조강에 닿을는지는 아무도 장담할 수 없었다.

"한 명이라도 더 태워라. 더 태운다고 해서 배가 가라앉지는 않을 터. 비록 오랑캐를 막지 못한 죄는 죽음으로 감당할 수 있으나 오랑캐들로부터 백성을 구하지 못한다면 죽어서도 편히 명부에 들지 못할 것이다."

이미 청국 기마대에 쫓기면서 몸은 만신창이가 된 지 오래였다. 대동강변에서 적장의 비수 같은 창을 오른손으로 받았다. 좌수검을 익힌 탓에 적장의 목은 취했지만 조강을 건너는 유일한 포구인 이곳 하조강에 오기까지 오른손은 짐이었다.

빈 농가에서 금창약을 바르고 속치마를 끊어 동여매기는 했지만 피가 굳은 건지 아니면 언 건지 짐작조차 할 수 없게 된 게 여러 날이다.

"영인아 배를 띄워라. 이제 갈 시간이다."

"영감께서는 어찌하실 요량이신지…"

평양감사 이중학李仲學은 문득 눈을 들어 영인을 보았다. 눈이 깊은 아이다.

대제학을 지낸 조부의 불호령을 들으며 금강산에서 5년을 지냈다. 이름도 없는 무명 무승武僧으로부터 호된 무예 수련을 마치고 돌아오는 길에 거둔 아이가 영인이었다. 그해 무과에 장원으로 급제를 하고 중학은 부친께 청을 넣어 영인을 3년간 금강산에서 지내게 했다. 사사로이는 사형제 간이 된 것이다.

"나는 여기서 오랑캐를 맞는다. 너는 즉시 배를 몰아 조강을 건너라."

"그분께서 상심이 크실 것입니다…"

그녀를 입에 올리는 영인의 눈빛이 잠시 흔들렸다.

"조정의 명을 따랐다고는 하나 나는 패장이다. 패장은 죽음으로 그 죄를 씻어야 하는 법. 사사로운 정을 논할 때가 아니다."

"하오시면… 저라도 영감 곁을 지킬 수 있게."

"안될 말."

중학은 급하게 영인의 말 허리를 끊었다. 안다. 영인이 무슨 말을 하려는지. 무얼 염려하는 것인지.

"한양의 부모와 식솔은 다소 어려움은 겪겠지만 전란이 수습되면 다시 평온을 찾을 게다. 너는 그네를 돌봐주거라. 다치기 쉬운 여인이다. 또 전란이 흉흉하니…"

"사형"

사형, 사형이라… 영인에게서 처음 듣는 말이다.

금강산에서 삼 년을 지내고 목검 한 자루로 중학을 향해 인사를 해 올 때도, 무과에 응시할 수 없다는 사실에 저잣거리를 폭음으로 휘저을 때도 결코 목울대 너머로 뱉어내지 않았던 말이다.

"사제, 내가 평양을 버리고 의주산성을 향했던 것은 병법보다는 조정의 명을 따랐기 때문이고 의주성에 들어가 보지도 않고 병사를 풀어 피난 행렬과 섞이게 한 건 후일을 도모하고자 함이었네. 여기까지네. 내가 더 이상 물러선다면 명분도 승리도 기약하지 못할 사사로운 욕심일 뿐이네. 가시게."

유도留島 황소 구출하기

낭패였다. 이렇게 어처구니없는 반전 상황이 있으리라고는 생각도 하지 못했다.

'끌어내다니… 끌어내서 뭘 어쩌자는 건지…' 젊은 군수는 자신도 모르게 보고서를 움켜쥐었다.

유도에 황소가 한 마리 서식하고 있다는 보고를 받은 게 병자년이 저물던 12월 말께였다. 처음에는 비무장지대 한가운데 있는 작은 섬에 북한에서 떠내려온 것으로 추정되는 소가 있다는 사실만으로도 큰 뉴스거리가 되었다. 유도가 어디든가. 김포반도와 개풍군 사이를 흐르는 조강이 서해로 나가기 전 숨을 고르는 어귀에 있어 일반인은 잘 알지도 못하는 땅이다. 지금은 백로와 저어새들이 둥지를 틀어 국내 동식물 학자들 사이에서는 나름대로 평가를 받고 있지만 6.25 전후만 하더라도 남과 북이 서로 매복작전을 벌이고 많은 인명이 스러져간 곳이기도 했다. 그 불모의 땅에 소가 있다는 소식을 접하고 군수는 전율했었다.

기회였다. 서울과 인천이라는 매머드 도시 틈바구니에서 변변한 자원도 없이 쌀농사와 허접한 중소 규모 공장들만 난립한 이곳 김포의 존재를 알릴 수 있는 기회였다. 더욱이 내년 시 승격을 앞두고 김포를 확실하게 알릴 필요가 있었다.

군수는 구겨버린 보고서를 다시 폈다. "유도 내 소 살리기 운동 전개 계획"은 군수가 직접 실무 직원을 불러 하명한 것이었다. 유도 내 소를 북한에서 지난여름 장마 때 북한에서 떠내려온 것으로 단정하고 먹이가 부족한 유도에 사료를 공급하면서 남한의 암소를 한 마리 넣어주어 남북이 함께 건사케 함으로써 유도를 평화통일의 상징지역으로 만들어 간다는 것이 계획서에 담겨 있었다.

"내무과 민 과장 좀 오라고 해요"

군수는 격앙된 감정을 추스르고 비서를 통해 담당과장을 찾았다.

"군수님 찾으셨습니까?"

민 과장은 군수실에 들어와서 가볍게 목례를 하고 군수를 응시했다.

"앉으세요"

민 과장은 회의용 사각 테이블 오른쪽 의자를 내어 조심스럽게 앉았다.

"어떻게 된 일이지요?"

군수는 조금 전 국방부 작전처장과 전화 통화를 하면서 메모한 종이를 내밀면서 급히게 물었다.

"죄송합니다. 일이 이상하게 꼬여 버렸습니다."

민 과장은 마치 자신의 불찰로 일을 망친 것처럼 말했다.

"알고 있었나요?"

"네, 조금 전에 국방부에서 연락을 받았습니다."

"도대체 이유가 뭐랍니까?"

"오늘 아침 국방부에서 브리핑 계획이 있었던 건 알고 계시지 않습니까. 국방부에서도 우리 계획대로 유도에 소를 그냥 두는 쪽으로 가닥을 잡고 발표를 할 생각이었다고 합니다. 그런데…"

"결국 여론이 문제였나? 여하튼 소를 살리고 보자는…"

"꼭 그런 것만은 아닙니다. 작전이 급하게 변경된 데는 오늘 아침 언론 보도가 가장 큰 이유라고 합니다. 수의사와 여물을 갖고 유도에 들어가기 위한 해병대 작전이 시간 단위까지 활자화되어 보도되자 국방부에서는 북한 당국을 지나치게 자극할 것으로 우려를 하고 아마도 그 때문에 군 수뇌부에서는 문제를 더 이상 확대시키지 말고 이쯤에서 종결해야 한다는 결론에 도달하고 BH에까지 보고를 한 모양입니다."

"언론이 문제였군."

군수는 미간을 찌푸렸다. 그동안 유도 황소를 통해 김포라는 작은 군이 전국적인 관심으로 떠오를 수 있었던 건 신문과 방송의 덕분이었다. 그래서 유도 황소 문제에 대해서만은 작은 일 하나 하나까지 신경을 쓰면서 그때그때 정보로 제공을 해왔다. 그런데 언론이 너무 앞서 나가는 바람에 일을 이 모양으로 만든 것이다.

“어차피 일은 벌어졌습니다. 후보 계획대로 움직여야 할 것 같습니다.”

민 과장은 의자를 군수 앞으로 바짝 다가앉으면서 결재판을 펼쳤다.

장마 속에 바뀌는 운명

사흘째 퍼붓고 있는 장마는 하늘에 구멍이라도 낸 듯 좀처럼 기세가 누그러지지 않았다. 이미 마을 앞 논바닥에는 바다처럼 물이 들어찼다. 협동농장 왼편 가에 판자를 대충 얽어 지은 외양간이라고 별반 상황이 좋을 리는 없었다. 평소에도 들이며 산을 뒤져도 뜯을 풀이 없었는데 장마를 핑계로 아주 굶길 작정인지 외양간을 담당하는 지도원은 코빼기조차 보이지 않고 있다. 외양간 바닥까지 비가 들이쳐 드러눕기조차 싫다. 연신 계속되는 뇌우에 어린 송아지들은 비썩 마른 몸을 어미에게 비벼대며 왕방울만 한 눈을 내리깔고 눈치를 본다. 다시 찌릿한 벼락이 번쩍였다. 잠시 후 큰 뇌성이 울렸다. 우르릉 꽝, 우르… 뇌성이 지난 후 빗줄기는 한층 굵어졌다. 바람도 미친 듯이 휘몰았다. 갑자기 사위가 조용해졌다. 큰 귀를 쫑긋해 봐도 낡은 지붕에서 낙수 지는 소리밖에는 없었다. 심한 불안이 엄습했다. 도대체 이유를 알 수 없는 막연한 불안이었다. 고삐를 풀어야 했다. 아니, 빨리 저 고삐를 끊어야 한다고 강력한 뇌파가 사지로 빠르고 연속해서 전달되고 있었다. 네 다리를 외양간 바닥에 깊게 묻고 온 힘을 다해 도리질을 해댔다. 코로 입으로 허연 김이 쏟아져 나왔다. 목울대를 타고 고함이 터져 나왔다. 음~메~~ 외양간에 매어진 여덟 마리 모두가 용을 쓰고 있었다. 송아지 몇은 벌써 어미들에 밟혀 바닥에 뒹굴고 있었다.

와지끈! 외양간 뒷벽이 종이처럼 찢어지면서 검붉은 물체가 들이닥쳤다. 몸이 허공으로 붕 떠올랐다. 그렇게 애를 써도 꿈쩍도 않던 고삐는 이미 끊어져 있었다. 보드라우면서도 강력한 물체 더미가 몸뚱어리를 감싸안고 쏜살같이 내닫고 있었다. 몇 번을 굴렀는지 모른다. 입에도 코에도 온통 황토가 쏟아져 들어오고 뿔이 어디엔가 걸릴 때마다 목뼈가 욱신거렸다. 무언가에 오른쪽 앞발이 된통 채인 걸 느끼며 눈을 질끈 감았다. 불에 덴 듯한 익숙한 통증이 엄습했다.

처음 세상에 나와 걸음을 떼고 천방지축으로 내달릴 때는 고삐도 없었다. 몸집이 제법 불어 사지에 힘이 오르는 걸 느낄 무렵 사람들은 목에 줄을 감고 고삐를 채웠다. 협동농장의 어린애들은 순하고 약했다. 고삐를 잡고 끌어도 충분히 밭두렁 콩대를 훑고 무청을 휘감을 수 있게 되자 지도원은 코뚜레를 꿨다. 아름드리 상수리나무 두 그루를 기둥 삼아 가로막대가 걸쳐 있었다. 헤진 옷가지와 거친 멍석 조각을 배에 두르고 꼼짝없이 가로막대에 매달렸다. 버둥거려도 네 발이 땅에 닿질 않았다. 지도원은 시뻘겋게 달군 쇠꼬챙이를 들고 와서는 놀랠 틈도 없이 코를 뚫었다. 벼락이 치는 듯한 소리가 귀를 울렸다. 매캐한 연기 속에서 살이 타

들어 가는 냄새가 고소했다. 지도원은 노간주나무로 만든 코뚜레를 꿰고는 비로소 발을 땅에 내려줬다. 코뚜레는 욕망을 저지하고 자유를 억제했다.

여기가 어딘지 모르겠다. 얼마나 시간이 지났는지도 모른다. 흙속에서 버둥거리고 물속에서 휘적거린 기억만 가물거린다. 정신을 차린 건 희미하게 익숙한 냄새를 맡고서였다. 생선 비린내다. 그것도 숭어 냄새였다.

평양감사로 가시게

중학이 평양감사로 부임을 하게 된 건 대제학을 지낸 조부의 바램도 아니었고 이조참판을 하다가 한성판윤으로 있는 부친의 덕도 아니었다. 중학을 평양감사로 추천한 이는 병판 최명길이었다. 임란과 광해를 몰아낸 인조반정의 혼란이 도성과 조선 팔도를 흉흉하게 하는 동안 북쪽에서는 누루하치가 여진을 하나로 통일하고 국호를 청이라 칭하면서 조선으로 하여금 명과의 관계를 끊고 조공을 바칠 것을 종용하고 있었다. 신하들의 반정으로 왕위에 오른 인조는 사실상 국정을 장악할 힘조차 없었다.

중학이 임지로 떠나기 전 명길이 중학을 청했다. 내금위 부장이 평양감사로 나가는 일은 대단한 승차였다. 중학은 명길을 찾는 길에 조부가 지신사로 명에 다녀오면서 사 온 벼루를 가져다 슬그머니 디밀고 머리를 조아렸다.

"대감의 보살핌이 너무 크외다. 성은도 감당키 어렵거늘 어찌 갚아야 할지 막막할 따름입니다."

"아닐세. 인사는 무릇 적재적소라 했으니 영감께서 그만한 그릇이고 이제 좁은 우물을 벗어나 세상을 크게 볼 때가 되었음이야."

명길은 화로를 뒤적여 불씨를 살린 후 중학에게 권했다. 명길은 새삼 중학을 살폈다. 너른 이마 우뚝한 콧날이 시원했다. 짙은 눈썹 아래로 눈은 깊었고 다부지게 다문 입은 굵은 붓으로 한 획에 그은 듯 보였다.

"그래, 조부님께서는 별래무량 하신지."

"연세에 비해 아직 총기를 잃지 않으신 정도입니다."

"대제학께서 조정을 호령하실 때가 생각나는군. 나 역시 출사한 지 얼마 되지 않는 아해의 나이였음에도 대제학의 호통에 조정 대신들이 쩔쩔매는 모습을 보면 속이 후련해지곤 했다네. 그에 비하면 판윤께서는 대가 좀 약하신 편이지. 오히려 헌헌한 자넬 보니 자네가 대제학의 진전을 이은 모양일세. 하하."

무어가 좋은지 명길은 중학을 앞에 앉혀 놓고 연신 호방한 웃음을 지었다.

"학문도 일천한 무골을 평양으로 보내실 때는 다른 의중이 있사온지요?"

기어이 중학은 명길의 답을 먼저 청했다.

"이보게, 중학이. 자네는 내가 어찌 보이는가? 자네 눈에도 명과의 의리를 저버리고 오랑캐 나라인 청에 붙어서 명줄을 이어가고자 하는 모리배로 보이는가?"

명길의 눈이 갑자기 형형하게 타올랐다. 중학은 소름이 끼쳤다. 문인들이란 그저 붕당을 지어 탁상공론이나 하는 무리쯤으로 알았는데 지금 명길이 보여주는 강단은 자신조차 감당하기 어려운 한기를 뿜어내고 있었다.

"병법에 나아갈 때와 물러날 때를 아는 자가 진정한 장수라 했습니다. 저는 장수로서 내 한 몸 체면이나 명분이 결코 부하 장졸과 백성의 안위보다 중하지 않다고 여길 뿐입니다."

"그럼 묻겠네. 지금이 나아갈 때인가 아니면 물러날 때인가?"

명길의 물음은 엄하고 무거웠다.

집으로 향하는 중학의 걸음이 어지러웠다. 취기 때문만은 아니었다. 조정의 의도는 분명했다. 도원수 김자점은 산성전을 천명하고 임경업을 의주산성으로 보냈다. 그리고 유사시 주변 수령 방백은 모두 의주에서 경업에게 힘을 모으라고 했다. 인조대왕과 비변사의 요구는 단호했다. 평양감사로 보내니 감영의 군사를 몰아 의주로 가야 한다는 것이었다. 다른 길은 없었다. 청 태조의 전략이나 용골대의 용병술은 아예 안중에도 없었다. 오랑캐를 철저하게 무시한 병법이었다. 지피지기를 벗어난 패를 들고 명나라보다 강력한 청을 상대하려 하고 있었다.

인연 숭어

평양성은 생각보다 튼실했다. 임란 중에 왜장 고니시는 이곳 평양에서 이여송이 지휘하는 조명 연합군을 막기 위해 성을 개조했다. 그래서 왜장이 고쳐놓은 성에서 청을 맞아야 했다. 중학은 영인만을 데리고 평양 성내를 돌았다. 크기로야 한양에 비할 바가 아니었지만 사람들은 더 왁자했다. 아마 서북인들의 기질 탓이리라. 그런 와중에도 남으로 길을 떠나는 백성이 많았다. 이미 성중에는 청나라에서 군사를 크게 일으켜 조선을 넘을 것이라는 말이 돌고 돌았다.

조정의 파발은 이미 어제 다녀갔다. 즉시 군사를 몰아 의주로 향하라는 지엄한 명이었다. 어명은 급하고 가파르게 문장을 달렸다. 어쇄마저 가볍게 찍혀 있었다.

"저곳에서 요기나 하자꾸나."

중학은 영인을 앞세워 대동강변 주막으로 들어섰다.

"국밥 됩니까?"

영인이 아낙에게 물었다.

"국밥은 어렵고… 마침 막 잡아 온 숭어가 한 마리 있는데 회를 떠 올리지요."

"아무거라도 요깃거리 좀 마련해 주십시오."

아낙은 객방 앞 바구니를 뒤져 어린애 팔뚝만 한 숭어를 집어 올렸다.

싱그런 비늘이 햇살을 받아 퍼덕거렸다.

"그놈 참 실한 게 용궁에서 나온 듯합니다."

영인이 아낙의 뒤태를 살피며 객쩍은 소리를 했다.

"영감 드시지요."

사념에 빠진 중학을 깨운 것은 영인의 재촉보다 비릿한 갯내음이었다.

"숭어라고 했나?"

"네, 모쟁이를 겨우 벗어난 놈이지요."

아낙이 굵게 저며낸 숭어 살을 채반에 받쳐들고 서 있었다.

"그래. 동어가 자라 모쟁이가 되고 모쟁이가 자라야 숭어가 된다지?"

"대동강 숭어는 사방에서 녹아든 진달래 꽃물을 먹고서야 제맛이 난다고 합니다. 이제 진달래가 다 졌으니 맛이 그만일 것입니다."

중학은 숭어 살점을 집어 된장을 듬뿍 찍어 입 안에 넣었다. 비릿한 개흙 냄새가 입안 가득 들어왔다. 살점은 달고 미끈했다. 모주 두어 되와 숭어 한 마리가 순식간에 없어졌다.

평화平和의 소

"유도에서 구출된 황소는 국립수의검역소에서 질병 여부에 대한 검사를 받고 지금 막 김포군 농촌지도소에 마련된 우사에 입식되었습니다. 김포 군수는 평화의 소라고 명명된 황소에게 직접 붉은색 휘장을 달아주고 앞으로 통일을 염원하는 마음으로 길러서 일반인에게 공개하겠다고 했습니다. 이상, 평화의 소 구출 현장에서 김현수 기자였습니다."

군수는 TV를 껐다. 비록 유도에 황소를 두고 여물을 계속 넣어준다는 계획은 무산되었지만 어쨌든 앞으로도 황소를 통해 관심을 끌 수 있는 여러 가지 이벤트를 할 수 있는 계기는 충분히 마련된 것이다. 군수는 해병 사단장에게 전화를 걸었다.

"사단장님, 김포 군수입니다."

"아, 유 군수. 이 시간에 어쩐 일이오?"

"네. 사단장님께서 애써 주신 덕분에 일이 잘 해결되었습니다."

"하하. 솔직히 유 군수 입장에서야 좀 서운하신 것 아닌가요?"

"그렇게까지 말씀해 주시면 제가 송구스럽습니다."

"유 군수, 무슨 일이든 인력으로 해결되지 않는 것도 있는 법이

오. 그걸 운이라고도 하지. 하지만 유 군수 운이 결코 나쁜 건 아니오. 시 승격을 추진하고 있는 일은 어쨌든 탄력을 받게 됐으니 말이오. 안 그렇소?"

사단장은 군수의 고교 선배였다. 나름대로 군수가 원하는 대로 결론 되어지도록 무던히 애를 썼지만 국방부에서 해병대 입지가 그리 넓은 건 아닌 모양이었다.

군수는 사단장과 통화를 마치고 내무과장을 불렀다.

"북제주군과 자매결연이 되어있지요? 북제주군의 암소를 평화의 소하고 짝을 지어주면 어떨까요?"

"어렵지 않을 겁니다. 찾아보겠습니다."

내무과장이 나간 문을 쳐다보며 군수는 신문 스크랩을 펼쳤다. 유도 황소를 찍은 사진과 내년 시 승격을 앞두고 김포가 비약적으로 발전하고 있다는 내용의 기사가 모든 지방지를 장식하고 있었다.

군수는 집무실을 나와 대기하고 있던 1호차에 몸을 실었다.

"평화의 소를 보러 가지." 군수의 말에 운전기사는 곧 시청 현관을 벗어났다.

유도에서 구출된 황소는 월곶면에 있는 한우 농가에 우선 입식되어 보살핌을 받고 있었다. 평화의 소는 편안하게 누워 여물을 되새김하고 있었다. 충분한 휴식과 보살핌 덕분인지 유도에서 나올 때보다 몸집이 눈에 띄게 불어 보였다.

'너는 김포 소다. 나는 김포 군수다. 네가 어디에서 왔든 나는

너를 지배한다. 나는 지금의 김포로 만족할 수 없다. 김포는 나로 인해 달라진다.'

군수는 소가 다친 다리를 절룩이며 애써 일어나는 것을 보고는 관사로 향했다.

홍도평 너머로 한강을 건너 불야성을 이룬 일산 신도시가 심술궂게 다가왔다.

회군回軍

군졸들은 이미 충분히 지쳐 있었다. 평양성을 떠난 지 사흘, 의주성으로 향하라는 어명을 받고 성내 군졸을 추슬러 7천 정예를 편성했다. 평양성을 나서며 중학은 관아를 모두 비우라 했다. 관비를 비롯한 모든 잡역들도 방면을 했다. 혹여 오랑캐가 들이닥치거든 맞서지 말라 했다. 보급부대도 없이 닷새치 건량과 말먹이를 겨우 준비해 나선 길이었다.

매일 한 번씩 의주성에 파발을 띄웠다. 의주로부터 소식은 없었다. 기별이 없기는 한양에서도 매한가지였다.

"영감. 군졸들이 많이 상했습니다. 쉬어 가심이."

"안 될 말. 의주성에 드는 일이 먼저이다. 그때까지는 일각도 지체할 수가 없다."

"설령 의주성에 든다 해도 청의 태종이 의주성으로 오겠습니까? 워낙 험지인데 일부러 죽을 자리를 찾아올 리가 없지 않겠습니까? 안주와 평양을 지키는 게 더 나을 듯싶은데 어찌하여 조정에서는…"

"군령은 엄한 것이다. 나는 군령을 받들 뿐 판단하지 않는다. 일단 의주성에 들면 임경업 장군께서 복안을 갖고 계실 터… 기우가 기우로 끝나기만을 바랄 뿐이다."

중학은 말을 몰아 중군을 벗어나 후군을 살폈다. 창검으로 무장한 병사들이 숨이 턱에 닿도록 길을 재촉하고 있었다. 의관은 이미 남루했고 미투리는 헤어져 버선이 진흙과 구별되지 않았다. 중학은 군졸의 이동을 잠시 쉬게 하고 선봉장과 중군장 그리고 후군장을 불러 모았다.

"군졸의 상태가 좋지 않은 줄 안다. 부상이 심한 자나 병이 든 자는 여기에서 집에 보내도록 하고 창검을 모두 지닌 자는 자신 있는 병장기 하나만 휴대토록 하라. 한 시진 후에 다시 의주로 향하겠다."

이동 대열에서 병든 자와 부상자가 가려졌다. 개중에는 꾀병을 하거나 일부로 상처를 낸 자도 있었지만 중학은 짐짓 모른 채 돌려보냈다. 5백이 넘은 병졸이 진중을 떠났다. 막 행렬을 움직이려는 차에 후군에서 파발이 도착했다는 전갈이 왔다.

개성 유수가 보낸 급파발이었다.

"개성 유수께서 무슨 일로 파발을 띄우셨는가?" 중학의 물음에 파발을 전하러 온 사내가 온몸을 떨며 말을 이었다.

"영감. 오랑캐가 이미 조강나루를 건넜습니다. 청 태종이 직접 10만 군사를 몰아 의주를 지키시는 임경업 장군과의 싸움을 피하고 물길로 조선에 들어왔다 합니다. 태종과 용골대, 마부대는 이미 한양을 지나 전하께서 피난하신 남한산성을 에워싸고 있으며 기룡대가 이끄는 2만 군사가 평양성에 들었습니다. 유수께서 눈물을 뿌리며 개성을 벗어나시면서 의주성으로 들도록 계획된 감영과 군에 파발을 모두 띄우셨는데 다른 파발들이 제대로 도착했는지는 모르겠나이다."

사내의 말을 들으면서 중학은 어금니를 깨물었다.

"그래. 그랬단 말이지. 결국 오랑캐들에게 조선을 다 내어주게 되었단 말이지."

이미 한양이 그네들의 손에 떨어졌다면 이곳에서 할 일은 없다는 얘기다.

그토록 믿고 의지했던 의주성은 힘 한 번 써보지 못하고 무용지물이 되어버린 것이다. 아니 철저하게 무시된 것이다. 어찌 청에서 조선으로 들어오는 길이 하나뿐이랴. 그 많은 길을 다 틀어막을 수도 없는 일이겠지만 그렇다고 험준한 산성에 서북 전력의 거의 전부를 몰아넣고 적을 마냥 기다리면 될 것이라는 조정의 판단은 애당초 잘못된 것이었다.

중학은 영인을 불렀다.

"모든 장졸을 한데 모으거라."

6천여 장졸이 농사가 아직 시작되지 않은 논배미에 벼를 꽂아놓은 것처럼 빼곡히 들어찼다.

"나는 지금 감사로서 군령을 내리는 것이 아니다. 나는 양반 가문에서 태어나 부럽지 않은 입성으로 살아왔다. 또한 글줄이나 읽고 남달리 배운 무예 덕분으로 무장이 되어 국록을 먹어 왔다.

그동안 이 한 몸 오직 전하를 위해 죽을 수 있다고 생각했다. 그러나 이제 조선의 사대부로서 임금이 아닌 백성을 위해 죽고자 한다.

청국 오랑캐는 이미 물을 타고 조선에 들어왔다. 황공하옵게도 임금께서는 남한산성 누추한 오지로 난을 피해 계시며 왕자들께서는 강화도로 들어가 계시다. 나라의 운명이 바람 앞의 등불이다. 조선이 망하는 것은 조정이 무너지는 데 있지 않다. 백성이 없으면 조선도 없다. 백성의 마음이 살아 있다면 조선은 언젠가 다시 일어설 것이다. 나는 여러 장졸들이 비분강개한 마음으로 오랑캐와 맞서기를 바라지 않는다. 오직 바램이 있다면 모두 살아남으라. 고향으로 가서 처자식과 식구들을 살려라. 농사를 하던 자는 호미를 들고 고기를 잡던 자는 그물을 손질하고 장사를 하던 자들은 다시 괴나리봇짐을 싸라. 이것이 조선을 살리는 일이다. 이것이 후일을 기약하는 길이다. 어떤 일이 있어도 살아남으라. 이것이 조선 사대부로서 마지막 부탁이다."

"영감. 영감께서는 어찌하실 요량이시온지."

선봉장을 맡고 있던 조철휘가 물어왔다. 철휘는 본래 양주 사람이다. 풍양을 본관으로 하는 양반 가문 자제로 학문의 깊이가 깊어 매사에 신중하고 판단과 일 처리가 날렵했다. 무관이 아닌 자에게 선봉을 맡긴 것은 용맹이 아닌 지혜가 필요한 탓이었다.

"어명을 어기고 의주에 들지 못한 몸, 호란을 피해 남하하는 백성들을 돌볼 생각이네. 한 명이라도 구할 수 있다면 그리해야겠지."

"모시겠나이다. 수하 장졸들이야 그렇다 하더라도 중랑장 이상 우리들은 모두 영감과 같은 조선의 사대부들이올시다. 청컨대 물리치지 마십시오."

"난은 그리 오래 가지 않을 것이다. 난이 끝나고 나면 조정이 뒤집히고 새로운 인재가 필요할 터 모두 나와 길을 함께 할 수는 없음일세."

피난 길 재회

중학은 곽산에서 길을 돌려 평양으로 향했다. 의주로 향할 때와는 달리 말은 버리고 걸어서 가야 할 길이었다. 무장으로서 갑옷을 벗을 수 없기에 갑옷 위에 도포를 걸쳤다. 평양으로 향하는 길목마다 백성들은 우왕좌왕하고 있었다. 남으로 가야 산다는 사람들은 남으로 향하고 북으로 가야 목숨을 부지한다고 믿는 사람들은 북으로 향했다. 민가와 농지는 버려지고 부모를 잃은 아이들과 기르던 개들만 벌판을 쏘다녔다. 중학과 일행이 열서넛 무리를 지어 걸음을 하고 있었지만 누구 하나 거들떠보지도 않았다.

"어느새 난이 여기까지 미친 모양입니다. 백성들이 많이 어렵겠습니다. 영감."

중학의 뒤를 바짝 따르던 영인이 대동강 줄기를 따라 평양성으로 향하며 말을 했다.

"그래도 오랑캐들이 성내에만 머물러 다행인 듯싶구나. 어차피 평양은 공성을 하였으니 그리 큰 피해는 없을 터이니 적정이나 살핀 후 한양으로 길을 잡거라."

중학 일행이 막 대동강 나루터를 목전에 둘 무렵 갑자기 인근 민가에서 비명이 들려왔다. 흠칫 놀란 중학이 영인을 비롯한 수하들과 몸을 숨기고 기척을 염탐했다.

마당에는 살림살이가 아무렇게나 내팽개쳐져 있고 방안에서는 여인네와 사내가 옥신각신하는 소리가 들렸다.

"물러서시오. 내 비록 조상들의 죄 때문에 노비로 좌천되어 관기로 내쳐졌으나 한 번도 몸을 더럽히지 않았소. 또한, 전임 감사 영감께서 면천을 해주시어 어엿한 조선의 백성으로 살아가고 있거늘 감히 오랑캐 따위에게 몸을 맡기라 하신단 말이오?"

"이것 보라구. 죽으면 썩어 문드러질 몸뚱어리 뭐 그리 대단할 게 있겠나? 자네 한 몸 보시한 셈 치면 성내 백성들이 다 편해지는 걸 왜 모르시나."

"딱하기도 하시오. 그대는 정녕 오랑캐의 말을 믿는단 말이오? 설령 내가 오랑캐 장수의 품에 안긴다 해서 그들이 백성을 위해 무얼 해줄 수 있단 말입니까? 조선 백성은 오직 조선의 하늘 아래서 숨 쉴 수 있는 법. 오랑캐가 평양성을 접수한 그날부터 백성들은 모두 암흑천지에 들어선 걸 모르셔서 그리 말씀하시는 게요?"

"그렇게 절개가 굳으면서 왜 떠나지 못했는가? 왜, 기룡대의 눈에 띄어 화를 자초하는가 말일세. 감사 영감은 이미 의주성에 들었을 터이니 자네 사정을 알기라도 할 듯싶은가? 그렇게 지켜야 할 절개라면 명줄이라도 끊지 그랬는가?"

"감사 영감은 오실 게요. 비록 어명을 받아 의주로 떠나셨으나 어명이 잘못되었음을 진즉부터 아셨을 터, 백성을 긍휼히 여기시는 분이니 반드시 오실 게요. 난 그리 믿고 있소. 더 이상 나를 핍박하지 말고 그만 가보시구려."

아! 그녀였단 말인가. 중학이 평양에 부임하여 미복으로 성내를 돌아보다가 만난 여자였다. 원래는 양반가 규수였으나 인조반정 때 역적의 집안으로 몰려 삼족이 멸하고 모친과 그녀만이 목숨을 부지한 채 관기로 내쳐져서 모친은 나주 관아로, 그녀는 평양 관아로 오게 된 것을 전임 감사가 면천해 주었다고 했다.

중학이 작은 초가 한 채를 내렸으나 그녀는 극구 마다했었다. 다만, 조석으로 드나들며 내당을 정리하고 중학을 챙겨줬다. 북방에 대한 근심과 조정에 대한 답답함이 그녀로 인해 풀어졌다. 서책은 늘 가지런했으며 이부자리도 반듯했다. 밥상은 항상 5첩 이내였지만 하나같이 맛깔스럽고 정결했다. 무엇보다 무인의 투박함을 어루만지는 자상함과 따스함이 있었다. 중학은 그녀를 관기로 대하지 않았다. 첩실로 생각지도 않았다. 그저 사나이 가슴에 자리 잡은 안식처였다.

중학이 나서기 전에 영인이 먼저 나섰다. 영인은 날랜 몸놀림으로 방문을 열어젖히고 다짜고짜 사내를 메쳐 넘겼다.

"아이쿠" 소리와 함께 사내 둘이 문밖으로 굴렀다.

"웬 놈들이냐?"

창졸지간에 일을 당한 사내들은 문득 정신을 차려 영인을 쏘아보았다. 영인이 중학을 쳐다보며 처분을 기다렸다. 그제서야 사내들도 중학 일행을 알아본 모양이다.

"아니? 영감께옵서… 죽여 주십시오."

사내들은 마당에 엎어지며 머리를 조아렸다.

알만한 얼굴들이었다. 평양성 호부에 속한 아전들이었다. 아마도 성을 비우라는 중학의 말을 듣지 않고 기웃거리다가 기룡대에게 잡혀 앞잡이 노릇을 하고 있는 모양이었다.

"어찌 된 일이냐? 너희들이 백성을 겁박하고도 감히 국록을 먹은 아전들이라 할 수 있겠느냐? 단칼에 베어주랴?"

중학은 굵고 낮게 으르렁거렸다.

"그런 게 아니옵고 이틀 전 기룡대가 2만 군사를 앞세우고 평양성에 들어왔습니다. 영감께서 하명하신 대로 성내 백성들은 모두 떠났사온데… 저니가 영감의 내방을 정리하다가 그만 기룡대의 눈에 띄게 되었습니다. 미색에 반한 기룡대가 극구 저니를 잡아오라는 탓에… 죽을 죄를 지었습니다."

"성내의 상황은 어떠하냐?"

"기룡대가 감영을 차고앉아 태종이 거느린 10만 군사에 대한 보급을 지휘하고 있습니다. 벌써 평양에서 개성에 이르는 모든 고을에 쌀과 건초에 대한 공출령이 떨어졌습니다."

"백성들은 어떻더냐?"

"영감께서 의주로 떠나시기 전에 분부하신 대로 모두 성내를 벗어나 산으로 들어가서 주경야은 하고 있습니다만… 전란이 오래되면 피폐해지는 것은 막을 도리가 없을 것 같습니다."

"그래도 내 명을 제대로 전달하였으니 목숨을 보전해 주마. 이

길로 떠나라. 식솔을 데리고 백성들 속에서 살아라."

중학은 비로소 그녀에게 눈길을 주었다. 상기된 얼굴이 아직 채 가시지 않은 듯 홍조가 남아있었다.

"욕봤구나. 다친 데는 없는 게냐?"

"영감의 은혜가 크옵니다. 천한 것이 영감께 또 신세를 졌습니다."

"되었다. 한양까지는 먼 길이다. 따르겠느냐?"

"지난번에 마음의 구명을 받잡고 이제 목숨을 구명 받는 년입니다. 열두 지옥이라도 따르옵지요."

유도留島 안식처

뭍이다.

짙은 갯내음을 비집고 풀 향기가 코로 들어왔다. 개펄은 다친 다리를 더 무겁게 잡아당겼다. 목을 길게 뺄 일이었다. 가슴께로 진흙이 미끄러져 빠져나갔다. 얼마를 가만히 있었다. 하늘에 별이 총총한 걸 보니 비는 그친 모양이다. 후텁지근한 밤바람이 혀끝을 스쳤다. 허기가 졌다. 되새김을 하려고 위를 뒤집어도 아무것도 나오질 않았다. 똥구녕이 저절로 벌어지며 물똥이 나왔다.

작은 낙원이었다. 지천으로 깔린 풀은 기름지고 무성했다. 다친 발에 고름이 잡혀 욱신거리는 걸 빼곤 몸도 많이 추스려졌다. 찢어진 등허리며 허벅지도 피딱지가 떨어진 지 오래다. 골짜기마다 샘이 있어 목을 축이기에도 어려움이 없었다.

아침나절 샘 근처에서 풀을 뜯고 야트막한 언덕배기를 넘었다. 제법 시원한 바람이 불었다. 천천히 꼬리를 휘둘러 없는 파리를 쫓았다. 바람 속에 다른 냄새가 섞여 있었다. 협동농장에서 맡아 본 냄새였다. 교미를 앞둔 소의 암내였다. 심호흡으로 냄새를 쫓다가 흐엉~하고 크게 울었다. 아마 소리를 들었다면 찾아올 것이다.

새벽녘에 문득 눈을 떴다. 무언가 어색한 기척이 있었다. 기척은 멀지도 가깝지도 않은 곳에서 이쪽을 주시하고 있었다. 다가서야 할 일이었다. 기름진 배를 핥았다. 혀를 통해 가지런한 털과 함께 가벼운 떨림이 전해졌다. 이번엔 목덜미를 핥았다. 피하지 않고 목덜미를 마주 핥아왔다. 서서히 뒤로 돌아 뒤 허벅지와 엉덩이를 쓰다듬었다. 움찔움찔 꼬리가 올라갔다. 앞 다리로 엉덩이를 짚으려 했다. 다친 오른쪽 다리에 통증이 왔다. 얼른 다리를 내렸다. 엉덩이를 흔들어 흙을 털어내고는 풀을 몇 번 뜯다가 힐끔거리며 돌아다봤다.

애가 탔다. 숨은 벌써부터 가빠 있었다. 뭔가 할 일이 있는 듯싶었다. 아니 뭔가 해야 했다. 다시 발을 올렸다. 꼬리가 하늘 높이 추켜 올려졌다. 강렬한 욕구가 아래로부터 머리끝을 뚫고 나가는 것 같았다. 두 눈은 부릅떠지고 쩍 벌어진 입에서는 알 수 없는 아우성이 터져 나왔다. 첫 경험이었다.

여름이 가고 가을이 저물도록 섬 전체를 쏘다니며 풀을 뜯었다. 코뚜레도 고삐도 없었다. 논두렁도 밭이랑도 없었다. 암소는 먹성이 줄었는데도 배는 제법 불러 있었다. 암소는 자주 까탈을 부렸다. 먹는 것도 입맛에 맞는 것만 골라 먹으려 했다. 물가 근처에 암소가 좋아하는 배래풀이 지천이었다. 언덕배기 소나무 아래 누워 배래풀을 뜯는 걸 보고 있었다. 서너 번 풀을 뜯고는 습관적으로 머리를 흔들었다. 두어 번 머리를 흔들고는 먼 산을 바라보았다. 다시 머리를 숙여 풀을 뜯으며 발을 내딛는 순간 눈앞에 화광이 뻗쳤다. 모를 일이었다. 풀밭에서 불이 나와 암소를 하늘로 띄웠다. 하늘이 석양보다 붉게 칠해졌다. 암소는 그렇게 죽었다. 물가 풀밭에서 지뢰를 밟고 죽었다. 창자가 삐져나오고 아직 숨이 끊기지 않은 작은 송아지도 보였다. 다가가서 핥아보았다. 더운 피가 입안으로 들어왔다.

매일 한 번씩 죽은 암소를 보러 갔다. 피는 굳었지만 이내 쉬파리가 꼬이고 구더기들이 끓었다. 송아지도 죽었다. 더 이상 핥아 줄 피도 없었다.

작은 섬에서 겨울을 지낸다는 건 힘든 일이다. 풀은 이미 누렇게 변색하고 숨을 멈춘 지 오래다. 그나마 싸리며 칡넝쿨은 거칠긴 해도 먹을 만하다. 몇 번 눈이 내렸다. 곰솔 아래 몸을 뉘지만 찬 밤공기가 또다시 다친 다리를 괴롭힌다. 아마도 속으로는 곪고 겉으로는 얼어가나 보다. 걷기조차 힘든데 낯선 기척이 다가온다. 허벅지에 무언가 날아와 박히는가 싶더니 졸음이 쏟아진다. 굵은 동아줄에 또다시 몸이 묶였다. 삼백 년 전처럼 다시 끌려 나가나 보다.

시간들

"시장님, 암송아지랍니다."

농촌지도소장이 전화를 해 왔다.

유도에서 황소를 구해내고 한우농가 입식을 거쳐 농촌지도소에서 일반에게 공개한 것이 작년 11월이었다. 그리고 북제주군에서 암소를 구해 짝을 지어 준 것이 금년 1월, 마침내 평화의 소 2세가 태어난 것이다. 시장은 즉시 평화통일의 소라고 이름을 짓고 명명식을 준비하라고 일렀다. 금년 4월, 김포는 마침내 366년간의 군 시대를 마감하고 시로 승격했다. 군수는 시장으로 호칭이 바뀌었다. 젊은 시장은 김포를 변화시키기 위해 촌분을 아끼지 않았다. 김포는 금방이라도 박차고 나아갈 것 같은 힘이 느껴지는 도시가 되었다. 시장은 이 모든 일이 유도 황소에서 비롯되었다고 믿고 싶었다.

별리別離

평양을 떠나 개성을 거쳐 한양으로 가기 위한 배를 타야 하는 이곳 하조강에 이르기까지 중학은 수하의 대부분을 잃었다. 중학 스스로도 여기저기 검상과 화살 구멍을 받았다. 특히, 오랑캐의 기마군은 집요하고 날렵했다. 마상 궁술과 갈고리를 자유자재로 썼고 장창과 언월도는 중학 일행의 요혈을 파고들었다. 그나마 조선 산하의 지형지물이 중학의 목숨을 지켜준 셈이었다. 영인도 무사치 못했다. 영인은 제 몸 건사하기도 힘든 상황에서도 항상 그녀를 먼저 지켰다.

영인이 배에 올랐다. 이제 배는 조금 물때를 타고 상조강으로 닿게 될 것이다. 거기까지만 가면 될 것이다. 당초 한양으로 길을 잡지 않고 김포로 잡은 일이 잘된 일이다. 임진나루가 이미 청의 수중에 있는 까닭도 있었지만 아무래도 한양으로 가는 것보다는 수원이나 강화로 갈 수 있는 조강나루가 모두를 위해 더 좋을 듯 싶었던 것이다.

"나으리, 그냥 남으실 생각이십니까?"

그녀였다. 그녀가 배를 내려 중학을 바라보고 있었다.

"따라갈 것이다. 이곳에서 백성들을 모두 실어 보낸 후 반드시 너를 찾을 것이다."

중학은 지나가는 눈길로 그녀를 응시한 후 조강 너머 쑥갓머리 산을 바라보며 말했다.

"저곳에서 여기를 볼 수 있을 게다. 반드시 살아남거라. 나도 꼭 살아서 돌아갈 것이다. 이건 사내로서의 약조이다."

"사내로서의 약조라 하셨습니까? 기다리지요. 영감이 오실 날을 손꼽아 기다리지요. 이 몸 그리할 것입니다."

배가 떴다. 으르렁거리는 조강 물결을 따라 배가 기우뚱 기우뚱 멀어져 갔다. 중학은 칼을 뽑았다. 이제 자르는 일만 남았다는 걸 알았다. 만남을 자르고 인연을 자르고 적을 베고 자신을 베어야 할 일이었다. 멀리서 청국 깃발을 요란하게 흔들며 기마대가 한 떼로 몰려오고 있었다.

에필로그

영인은 애기愛妓의 시신을 손수 거두었다. 쑥갓머리 산에서 조강 너머 하조강나루를 향해 눈을 뜬 채 주검으로 발견된 게 이틀 전이었다. 애기는 하조강나루에서 중학을 그렇게 보내고 상조강에 닿은 후 매일을 쑥갓머리 산에 올랐다. 열두 해를 그렇게 기다리다 지쳐 죽은 것이다.

기실 중학은 상조강에 닿았었다. 애기와 함께 조강을 넘은 지 사흘째 되는 밤 영인은 나루터 쪽에서 들려오는 병장기 부딪치는 소리에 잠을 깨었었다. 강가에 중학이 있었다. 이미 허벅지와 어깻죽지에 화살이 꺾인 채 박혀 있었고 등에도 긴 검상이 나 있었다. 중학의 좌수검이 번득일 때마다 청병 서넛이 고꾸라졌지만 계속 밀려드는 청병을 전부 주살하기에 이미 지쳐있었다. 결국 중학은 산 채로 청병에 이끌려 온몸에 밧줄을 걸고 배에 짐짝처럼 실려 하조강으로 되돌아갔다.

애기가 매일 쑥갓머리 산에 오르는 동안 영인은 이 사실을 한 번도 입에 담지 않았다. 애기가 영인에게 살아있는 이유였다면 중학은 애기가 숨 쉬는 이유였을 것이다.

애기의 봉분이 마를 무렵 영인은 매향을 깎았다. 한 길도 넘는 매향을 메고 조강으로 들었다. 이미 매향을 묻을 자리는 봐둔 터였다. 밤 물이 차가웠다. 향을 묻은 영인이 강심으로 향했다. 먼 바다에서 교미를 하고 알을 까러 올라 온 숭어 떼가 왁왁거리며 발을 치고 지나갔다.